COLLECTION MICHEL LÉVY
— 1 franc 25 cent. le Volume —

PAR LA POSTE, 1 FR. 50 CENT.

EUGÈNE DE MIRECOURT

LE MARI
DE
MADAME ISAURE

NOUVELLE ÉDITION

PARIS

MICHEL LÉVY FRÈRES ÉDITEURS
RUE AUBER, 3, PLACE DE L'OPÉRA

LIBRAIRIE NOUVELLE
BOULEVARD DES ITALIENS, 15, AU COIN DE LA RUE GRAMMONT

COLLECTION MICHEL LÉVY

LE MARI
DE
MADAME ISAURE

MICHEL LÉVY FRÈRES, ÉDITEURS

OUVRAGES

DE

EUGÈNE DE MIRECOURT

Format grand in-18.

André le sorcier.	1 vol.
Un Assassin.	1 —
Comment les femmes se perdent	1 —
Les Confessions de Marion Delorme.	3 —
Les Confessions de Ninon de Lenclos.	3 —
Le Fou par amour.	1 —
Le Mari de madame Isaure.	1 —
Un Mariage sous la Terreur.	1 —
La Marquise de Courcelles.	1 —
Masaniello, le pêcheur de Naples.	1 —

1658. — Imp. P. JUIN, 2, rue de la Charité, à Vincennes.

LE MARI
DE
MADAME ISAURE

— UNE ACTRICE D'UN JOUR —

PAR

EUGÈNE DE MIRECOURT

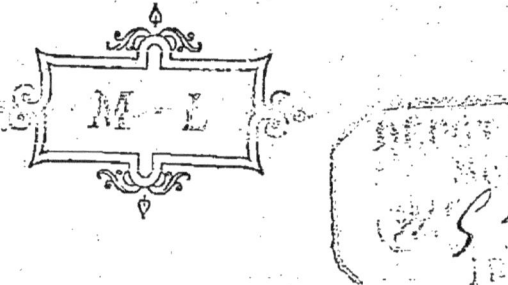

PARIS
MICHEL LÉVY FRÈRES, ÉDITEURS
RUE AUBER, 3, PLACE DE L'OPÉRA

LIBRAIRIE NOUVELLE
BOULEVARD DES ITALIENS, 15, AU COIN DE LA RUE DE GRAMMONT

1874
Droits de reproduction et de traduction réservés

LE MARI
DE
MADAME ISAURE

I

LES MARINS

Vers la fin de mai 1840, un peuple de marins et de pêcheurs était rassemblé sur la place d'armes de Cherbourg, pendant que la haute bourgeoisie s'était donné rendez-vous sur les tertres voisins du port. Plusieurs tentes, surmontées des couleurs nationales, défendaient contre les chauds rayons d'un soleil de printemps, de frais et jolis visages, sur lesquels se braquaient les lorgnons des officiers de marine. La rade, sillonnée en tous sens par de légères embarcations, présentait, comme le ciel, une surface azurée, que la mouette effleurait de son aile blanche, et la vague endormie caressait mollement l'algue du rivage.

Ce jour était un jour de fête, car la *Minerve* avait fini sa quarantaine et devait faire son entrée dans le port.

On voyait au loin la gracieuse frégate ouvrir ses voiles au souffle de la brise et se balancer sur les flots. Victorieuse et légère, elle revenait de Saint-Jean-d'Ulloa. La coquette avait lavé son pont taché de sang, jeté ses cadavres à la mer et blanchi ses flancs noircis par la poudre; elle cachait, sous des drapeaux flottants, les larges trouées des canons ennemis.

A un signal parti du port, elle hissa son pavillon, glissa rapidement sur la rade et vint aborder, au bruit des applaudissements des spectateurs qu'elle salua par une double salve d'artillerie.

Parmi les marins qui composaient l'équipage, les uns retrouvaient, en touchant la terre, une famille empressée de les revoir, un ami dont ils recevaient les félicitations. Raoul de Bougival fut le seul qui ne vit autour de lui que des visages étrangers. Cette partie du sol de la France lui était inconnue. Natif de Bordeaux, il s'était embarqué de cette ville pour rejoindre l'escadre, et sa valeur lui avait obtenu, pendant l'expédition, le grade de lieutenant de la *Minerve*.

Raoul de Bougival était un jeune homme de vingt-six ans, courageux jusqu'à la témérité, se livrant avec quelque justice à l'orgueil de s'être créé de lui-même une position brillante. Orphelin dès l'enfance, il avait compris la nécessité du travail; et voyant se réaliser tous ses rêves d'avenir, il avait fait la meilleure part à son mérite, sans mettre de l'autre côté de la balance ses chances de bonheur.

Raoul était donc présomptueux à l'excès. Portant cette présomption dans tous les actes de sa vie, il croyait également qu'un navire et une femme devaient baisser pavillon devant sa frégate ou son regard. Raoul avait de très-beaux yeux, hâtons-nous de le dire à sa justification; ses cheveux, d'un noir d'ébène, encadraient admirablement son front large et découvert; sa voix, qui dominait les sifflements de la tempête et le fracas de soixante canons, avait des tons doux et des cordes harmonieuses, lorsqu'il parlait d'amour.

Tous ces avantages, rehaussés par les brillants succès qu'il avait obtenus dans la carrière de son choix, contribuaient à faire de Raoul un parfait modèle de fatuité. Malheureusement, il n'avait pas encore essuyé d'échec au milieu de ses fréquentes excursions sur le terrain de la galanterie. Se vantant lui-même de n'avoir jamais rencontré sur sa route de beautés cruelles, il conservait modestement l'espoir d'être toujours favorisé de son étoile.

Le jeune lieutenant, appuyé sur l'une des bornes en granit, placées de distance en distance autour du bassin du port, contemplait le débarquement avec un œil d'indifférence, attendant qu'un vieux matelot à ses gages lui apportât sa valise. Raoul comptait prendre le soir même la diligence de Paris, et souriait d'avance aux plaisirs que lui offrirait la capitale, pendant le temps nécessaire au radoub de la *Minerve*.

Il commençait à s'impatienter du retard de son domestique, lorsque celui-ci parut, chargé d'une valise, sous laquelle il courbait péniblement les épaules.

Avec son frac de toile, son chapeau noirci de goudron, sa joue gonflée par une chique énorme, Frantz, véritable type du matelot, en avait l'excellent cœur, le franc langage et les manières bourrues.

Il jeta la valise aux pieds de son maître, et fit, pour se déraidir l'épine dorsale, des efforts qu'il accompagna de jurons énergiques.

— Mille diables! s'écria-t-il, je ne suis plus qu'une vieille frégate dématée ! Avec un pareil chargement, je sombrerais vingt fois pour une... Satané pays! dire qu'il n'y a pas le moindre nègre que l'on puisse forcer, en le rossant, de remorquer cette malle jusqu'à la ville ?

— Tiens-tu donc absolument à ce que ce soit un nègre ? dit Raoul en riant, et ne pourrais-tu payer, au lieu de le rosser, le premier blanc qui viendrait à ton aide ?

— C'est aussi ce que j'ai voulu faire, mon lieutenant, car il y a, là-bas, une nuée de vauriens qui s'ébattent sur les pauvres débarqués, comme des mouettes sur un requin mort... Chiens de corsaires! ils voulaient me rançonner! Avec le paiement qu'ils exigeaient, j'aurai trente petits verres de rhum et soixante de genièvre... Est-ce que vous connaissez quelqu'un dans ces parages, mon lieutenant? ajouta Frantz, en lançant un coup d'œil de travers sur un homme à face rubiconde, qui paraissait les examiner avec beaucoup d'attention.

— Pas une âme, répondit Raoul, qui ne s'était pas aperçu de l'examen dont il était l'objet... Voyons, que décides-tu pour le transport de cette valise?

— Je décide, mon lieutenant, que je boirai les trente verres de rhum, dit le matelot, qui se mit en devoir de reprendre son fardeau.

Mais, offusqué de la persistance avec laquelle l'inconnu fixait Raoul, il s'écria d'un ton de menace:

— Avons-nous donc la jambe mal faite ou le nez d'un sauvage? Sommes-nous des Hottentots ou des serins de Canarie? Nous prenez-vous pour des ours de Groënland, des chiens de Terre-Neuve, ou des marins d'eau douce?... En ce cas, priez mon lieutenant de vous prêter sa longue-vue pour nous examiner plus à votre aise, et démarrez lestement... On ne mouille pas dans nos eaux !

— Silence, malotru ! dit Raoul avec colère ; à quoi bon chercher querelle à une personne inoffensive ?

Puis s'adressant à l'étranger :

— Monsieur, je vous fais mes excuses de l'inconvenance de mon domestique ; vous voyez que, s'il a vieilli à bord, ce n'est pas en apprenant la politesse.

— Bougival ! Raoul ! c'est bien toi ! s'écria le petit homme, qui ne fit qu'un bond de son poste d'observateur au cou du lieutenant de la *Minerve*... Parbleu ! je ne suis qu'un sot ! voilà une heure que je te mange des yeux, comme si tu n'étais pas reconnaissable, comme si de vieux amis comme nous ne se reconnaissaient pas au battement de leur cœur !

— Ce cher Conrad Belfoy ! dit Raoul en se prêtant de bonne grâce aux accolades réitérées du petit homme... Toujours le même.

— Et toi, donc? toujours beau garçon, toujours superbe? Tu es superbe, mon cher, avec ton uniforme... Embrasse-moi, morbleu! Des moustaches; il porte des moustaches! Sais-tu qu'il y a dix ans que nous ne nous sommes vus?

— Allons, se dit Frantz, j'ai fait une balourdise; il paraît que les deux navires croisent sous le même pavillon.

Découvrant aussitôt sa tête hâlée, le vieux matelot s'approcha de Conrad et lui dit avec un ton de repentir:

— Pardon, excuse, mon bourgeois !... je ne savais pas qu'un gros brick hollandais de votre espèce pouvait fraterniser avec un vaisseau de ligne.

— Mon cher Conrad, s'écria Raoul en éclatant de rire, ne te fâche pas contre ce vieux loup de mer; il ne connaît pas l'urbanité du langage, mais il a bon cœur... deux fois il m'a sauvé la vie.

— Approche, mon brave, dit le petit homme

à Frantz; Raoul de Bougival est mon meilleur ami, je te dois le bonheur de le revoir.

Frantz fit un demi-tour à droite, envoya sa chique à dix pas et vint embrasser l'ami de son lieutenant. Conrad fut obligé de crier merci, tant l'étreinte du vieux matelot lui sembla vigoureuse.

— A propos, dit Raoul à Conrad, comment se fait-il que je te retrouve à deux cents lieues de notre ville natale?

— Tu le sauras plus tard, répondit le petit homme avec un sourire malin; je sens, aux cris de mon estomac, que l'heure du dîner approche... Tu vas me suivre à l'hôtel de France, où je loge, et nous causerons au dessert.

— Mais, observa Raoul, je pensais prendre ce soir la voiture de Paris.

— Après-demain, tu partiras en chaise de poste; j'ai une place à t'offrir, et ce brave marin montera sur le siége de derrière.

— Diable! fit Raoul, tu as donc fait fortune?

— Pas encore, répondit Conrad, mais je suis en bonne voie... Ne m'interroge pas davantage : ventre affamé n'a pas d'oreilles !

— Connu le proverbe, mon bourgeois, dit Frantz, en replaçant ses bagages sur son épaule. Faites-nous dîner d'abord, nous vous écouterons ensuite. Déferlons nos voiles et virons au large... Puisque vous avez une place pour moi sur le gaillard d'arrière, je ne demande pas mieux que de naviguer sur votre bâtiment, pourvu que vous donniez à l'équipage double ration de rhum et de biscuit.

— Qu'en dis-tu ? demanda Raoul à Conrad ; il est sans gêne...

— Il a raison, morbleu ! gagnons l'hôtel ; le plaisir de te revoir m'ouvre étonnamment l'appétit : c'est te dire, en d'autres termes, que je meurs de faim.

Le petit homme, prenant avec une pétulante vivacité le bras du lieutenant de la *Minerve*, l'entraîna sur l'avenue de tilleuls, qui, du port militaire de Cherbourg, conduit dans l'intérieur de la ville.

Mais Frantz, ployé sous sa valise, réclama bientôt contre cette marche forcée.

— Pardieu ! s'écria-t-il, si vous filez vingt nœuds à l'heure, je vais carguer la voile et mettre à l'ancre... Mort-diable ! à vous voir courir, on dirait qu'un corsaire nous donne la chasse !

Conrad fut sourd aux plaintes multipliées du vieux marin. Cinq minutes après, il passait le seuil de l'hôtel ; et Frantz, en jetant la valise sur le pavé de la cour, jurait, par un nombre indéfini de boulets ramés, que le brick hollandais rendrait des points au vaisseau de ligne.

II

L'ÉPICIER

Cependant Conrad introduisait Raoul dans l'un des plus beaux appartements de l'hôtel de France. Cet établissement, si l'on en croit les commis-voyageurs dont le témoignage est irrécusable, uniquement sous ce rapport, a fait, depuis 1830, d'étonnants progrès dans l'art culinaire ; en conséquence, je rends mon estime au maître d'hôtel qui a failli m'empoisonner jadis.

Le premier objet qui frappa les yeux du lieutenant fut une jeune femme assise à un piano.

En voyant entrer un étranger, elle se leva la rougeur au front.

— Isaure, dit Conrad, je te présente un digne successeur de Jean Bart, Raoul de Bougival, mon ami d'enfance et lieutenant de la frégate la *Minerve!* Raoul, continua-t-il, avec une gravité comique, je te présente mon épouse!

Cette étrange introduction eut pour infaillible résultat de faire naître de la gêne dans la contenance de Raoul et d'éveiller la susceptibilité d'Isaure. On balbutia, de part et d'autre, quelques paroles insignifiantes, et la jeune femme, recourant bientôt à un prétexte poli, demanda la permission de se retirer.

— Tu es fou! dit le lieutenant, resté seul avec son ami; cette manière de présenter quelqu'un est, en vérité, par trop originale!

— Bah! s'écria Conrad, j'ai voulu vous ménager à tous deux une agréable surprise! Voilà le trésor que je fais voyager en chaise de poste, mon cher... vu que la lune de miel... tu comprends?.On ne peut pas causer à son aise en diligence... Une vraie perle, timide comme un enfant! Ne t'offense pas de son départ, nous serons plus libres, et nous allons faire monter à dîner... Ton matelot nous servira.

— Oui... mais, vous le savez, c'est à condition que j'aurai ma part du biscuit! dit Frantz, qui entrait alors après avoir fait une station dans la cour de l'hôtel.

— Je ne parviendrai jamais à civiliser ce gaillard-là, dit Raoul.

— Laisse donc, riposta Conrad, j'aime sa brusque franchise ; il dînera avec nous.

— Convenu! s'écria Frantz. C'est le premier repas que nous faisons à terre : vous allez voir qu'un marin peut être un excellent maître d'hôtel... Je vais jeter le grappin sur les cuisines...

Dix minutes après, Raoul et Conrad s'asseyaient à une table admirablement servie. Tout en mangeant, ils riaient aux éclats des boutades du vieux matelot, et surtout de son langage maritime.

Lorsque Frantz eut apporté le dessert et le champagne, Conrad lui fit signe de s'asseoir et de manger à son tour ; le matelot, affamé, ne se laissa pas répéter une seconde fois l'invitation ; il attaqua bravement un énorme poulet rôti, jusqu'alors intact, en lui donnant pour rempart plusieurs bouteilles de Bordeaux.

Quant à Conrad, il versa du champagne à Raoul, remplit ensuite son verre, et, s'accoudant sur la table, il sembla menacer ses auditeurs de poursuivre jusqu'au jour, comme la sultane des *Mille et Une Nuits*, la narration qu'il allait commencer.

— Je ne te demande pas ton histoire, dit-il à Raoul, je te devine à merveille. Phénix de ta classe et chargé de couronnes, tu as obtenu facilement l'entrée d'une école de marine, et te voilà lieutenant de vaisseau... C'est magnifique, mais c'est tout simple ! En conséquence, je passe à ma propre histoire... Écoute, et surtout admire !

» Il y a dix ans, j'étais en troisième au collége royal de Bordeaux, et tu me regardais avec une ironique pitié du haut de ta sphère de rhétoricien. Je n'avais ni ta facilité, ni tes projets ambitieux; j'étais passablement fort sur ma langue maternelle, très-peu sur le latin, pas du tout sur le grec : je me lançai dans le commerce, et je vins à Paris...

» Mon cher, ce que je vais t'avouer est très-prosaïque... Je ne craignis pas de marcher à pieds joints sur les préjugés et de consacrer les beaux jours de ma jeunesse à la vente des denrées coloniales... En un mot, je me fis épicier !

— Je m'en doutais, dit froidement Raoul en vidant son verre.

— Diable ! reprit Conrad, étonné... Comment, tu t'en doutais ?

— A la manière dont tu m'as présenté tout à l'heure à ta femme.

— Farceur !... Voyons, monsieur le lieutenant

de vaisseau, ménagez vos saillies et respectez ma position sociale. L'épicier, de nos jours, a beaucoup plus d'importance que vous ne lui en adjugez... Sergent dans la garde nationale, électeur, membre du jury...

— Ah! grâce de ton énumération! tu n'en finirais pas, s'écria Raoul.

— D'ailleurs, continua Conrad, je fais le commerce en gros, et ton ami ne s'amuse pas à liarder dans une arrière-boutique. Je t'ai dit que tu allais m'admirer ; écoute donc !

» D'abord simple commis, je gagnai tellement la confiance de mon patron, qu'il me céda son magasin... La première maison de la capitale, mon cher ! un fonds de cent mille francs... Cent mille francs, comprends-tu ? que j'ai payés, intégralement payés ! Six ans d'un travail assidu m'ont suffi pour remplir tous mes engagements, et j'ai un crédit superbe sur la place de Paris... Maintenant, je ne suis ni plus ni moins qu'armateur, ce qui t'explique très-clairement ma présence en ces lieux...

— Fortuné mortel! dit Raoul, en réprimant une envie de rire.

— Attends donc, tu ne connais pas toute l'étendue de mon bonheur! Figure-toi que j'étais sur le point d'épouser une riche héritière, lorsque je reçus une lettre datée de Bordeaux. Elle m'était écrite par un vieil oncle, capitaine retraité, que j'avais oublié, ma foi! Le brave homme me priait de partir de suite, si je voulais le voir avant sa mort. Je pris la diligence à l'instant même, et je saluai mes pénates après dix ans d'absence. Mon excellent oncle était au plus mal.

— » Conrad, me dit-il, tu es mon unique hé-
» ritier ; je te lègue ce que j'ai de plus cher au
» monde, ma fille, mon Isaure, à laquelle je
» ne laisse pas un centime... mais qui possède
» toutes les vertus capables de rendre heureux
» un honnête homme. »

— Je parie que tu as rompu ton mariage avec la riche héritière! s'écria Raoul.

— Certainement, puisque Isaure est ma femme depuis six semaines.

— Insensé! fit le lieutenant.

— Ah! c'est ici que je t'attendais, reprit Conrad; tu n'as pas la parole, attendu que tu ne connais pas ma cousine. Élevée à Saint-Cyr, elle a reçu l'éducation la plus brillante. Cette jeune fille était née pour vivre dans le grand monde, et cependant elle n'a pas refusé de me prendre pour époux, moi, simple commerçant... Aussi n'ai-je d'ambition que pour elle! Je n'aurai de repos que le jour où je pourrai lui dire : Isaure, tu as daigné descendre jusqu'à moi; tu pouvais avoir un hôtel, des chevaux, des équipages : voilà ton hôtel, tes chevaux, tes équipages... Mon amour te donne tout cela! c'est pour toi seule que j'ai voulu être riche! Ah! Raoul, tu l'as pourtant vue tout à l'heure! Eh bien! elle est aussi douce, aussi bonne que belle.

— Peste! se dit Frantz, qui avait entièrement dépecé son poulet et bu ses bouteilles de Bordeaux, l'épicier ferait bien de mettre en panne : il marche droit aux brisants!... Comment diable s'avise-t-il de vanter sa femme à un homme qui, depuis dix-huit mois qu'il est en mer, n'a pas couru la moindre bordée pour atteindre un cotillon ?

— Tu ne me réponds pas, dit Conrad au lieutenant, qui lui semblait rêveur.

— Ma foi, mon cher, dit Raoul en quittant la table, je ne te dissimule pas que, en dépit de tes éloges, ta femme m'a paru tant soit peu...

— Timide ! Ne blasphème pas, s'empressa d'ajouter Conrad ; je te coupe la parole pour t'empêcher de dire une énormité, car j'ai vu le mot bégueule prêt à s'échapper de tes lèvres, et c'eût été fort mal qualifier un ange... Allons, allons, tu reviendras de ta prévention ; d'abord je te déclare que tu n'auras pas à Paris d'autre domicile que le mien... Je veux que tu apprennes à mieux la connaître.

— Bon ! murmura le vieux matelot, le voilà qui donne en plein sur les récifs ! Le pauvre homme a perdu la tête !

III

PROMENADE SUR MER

A huit heures du matin, Frantz écartait, pour la dixième fois, les rideaux de son maître. Il trépignait d'impatience en regardant tour à tour l'aiguille de la pendule qui marchait, et Raoul qui ne se réveillait pas. En conséquence, il prit le parti désespéré de tousser de toute la force de ses poumons et de renverser une chaise.

Le lieutenant de la *Minerve* ouvrit enfin les yeux.

— Quel tapage fais-tu là ? dit-il au vieux matelot, qui balbutiait avec embarras quelques mots d'excuse.

— C'est que... pardon, mon lieutenant ! mais il y a une diligence qui part à neuf heures, j'ai retenu deux places et payé dix francs d'arrhes.

— As-tu perdu l'esprit ? demanda sérieusement Raoul... Hier, tu as accepté le premier l'offre de Conrad, lorsqu'il a mis sa chaise à notre disposition.

— C'est vrai, mille diables ! je ne dis pas le contraire... Mais je ne savais pas alors que le vaisseau de ligne allait naviguer de conserve avec certaine corvette mignonne... Peste ! mon lieutenant, vous pourriez lui causer des avaries que le brick hollandais ne parviendrait pas à réparer.

— Tu crois ? fit Raoul avec un sourire légèrement présomptueux.

— Sans doute, répondit Frantz, et vous concevez que la corvette ne serait pas de bonne prise : donc il faut profiter de la marée montante et virer de bord... Nous ne sommes pas des pirates, mon lieutenant! Ça, levez-vous au plus vite, et gardez-vous bien de faire des signaux au brick, car il serait capable de nous suivre avec la corvette... Il n'est pas très-fort votre ami.

— N'est-ce pas qu'il n'est pas fort? dit Raoul en éclatant de rire... As-tu vu sa femme?

— Non, morbleu! mais il la dépeint de manière à faire venir l'eau à la bouche... Est-ce que vous l'avez vue, mon lieutenant?

— Ravissante!

— Diable!... Voilà vos bottes; la diligence part dans trois quarts d'heure... Vous savez que j'ai donné dix francs d'arrhes.

— Et tu voudras bien économiser cet argent sur ta consommation de verres de rhum.

— Oh! vous n'aurez pas ce cœur-là! s'écria Frantz; mettre à la demi-ration un marin à terre, y pensez-vous, mon lieutenant?

— Je pense à te punir de ton excès de prévoyance.

— Alors, au diable le brick et sa corvette ! je ne me mêle plus de leurs affaires.

— A ce compte-là, tu pourras avoir quelquefois double ration.

— Vrai ? dit Frantz en faisant claquer joyeusement ses lèvres.

— D'ailleurs, t'ai-je donné le droit de supposer que je méditais une séduction ?

— Hum !

— Suis-je capable d'oublier ce que je dois à l'honneur d'un ami ?

— Tonnerre !

— Et si j'étais assez malheureux pour laisser entrer dans mon cœur un amour illégitime, n'ai-je pas les principes qui viendront à mon aide, la voix de la raison qui me conseillera de ne pas entraîner une jeune femme hors de la ligne du devoir ?

— Je suis un imbécile, mon lieutenant.

— Va souhaiter le bonjour à Conrad et présenter mes hommages à madame Belfoy ; demande-leur s'il fait jour dans leur appartement.

— Aïe !

— Attends... Le ciel est pur, la mer doit être calme : tu te rendras ensuite au port et tu loueras une barque. Conrad a des affaires à teminer. Comme sa femme s'ennuierait, et moi pareillement, je proposerai une promenade dans la rade : nous irons visiter la frégate.

— Ouf ! gare l'eau !

— Que dis-tu ?

— Rien, mon lieutenant... c'est mon rhumatisme qui me pince l'épaule... Je vais m'acquitter de mes deux commissions.

Une demi-heure après, Raoul, conduit par Conrad, pénétrait dans l'appartement de la jeune femme, qu'il trouva encore plus charmante que la veille. Isaure était vêtue d'un peignoir éblouissant de blancheur, et les boucles de ses blonds cheveux tombaient négligemment sur son cou. Ses petits pieds étaient coquettement chaussés de pantoufles couleur bleu de ciel.

Le vieux matelot n'avait pas tout à fait tort en voulant engager son maître à fuir cette jolie créature, car malheureusement Conrad était du nombre de ces maris inexpérimentés dont l'âme, plus que naïve, laisse déborder leur félicité conjugale, et qui n'apprécient les qualités de la femme de leur choix qu'en raison de l'enthousiasme que ces mêmes qualités font naître chez les autres. Cette espèce d'hommes ne doit pas être classée dans la catégorie des époux bénévoles, que l'idiome populaire a baptisés du nom pittoresque de *Jobards*. Ces derniers sont ordinairement la sottise incarnée, tandis que les autres ne pèchent que par ignorance des usages du monde, et supposent à leur entourage la franchise et la délicatesse qui font la base de leur propre caractère.

On se rappelle que, le jour précédent, Isaure

avait accueilli le lieutenant de la *Minerve* avec beaucoup de froideur. Cette fois son accueil fut moins glacial, et Raoul en fit la remarque avec plaisir. (Nous sommes forcés d'avouer que ce changement était le résultat des représentations de Conrad.)

— Réjouis-toi, ma chère amie! s'écria le brave époux, notre Jean Bart en herbe vient te proposer une promenade sur mer... C'est délicieux, n'est-ce pas?

— Mais je croyais, Conrad, observa la jeune femme en rougissant, que vous aviez à terminer vos acquisitions?

— Précisément, voilà ce qui me tarabuste, car je ne pourrai vous accompagner... Mais qu'importe! ne serai-je pas heureux en songeant que tu t'amuses, Isaure? Tu verras Raoul dans son élément; il te montrera sa frégate; à ses ordres, ses matelots monteront aux cordages; il fera tonner son porte-voix. C'est un enragé marin que Raoul!

2.

— En vérité, madame, dit le jeune lieutenant, mon ami veut me faire passer à vos yeux pour un de ces loups de mer de la fabrique du capitaine Marryat, qui jouent, boivent et fument sans cesse : je vous prie de croire qu'il n'en est rien.

— Parbleu ! c'est vrai, dit Conrad ; aujourd'hui que tu n'as plus ton uniforme, tu ressembles plutôt à un dandy du boulevard des Italiens qu'à un lieutenant de vaisseau... Ne trouves-tu pas qu'il est beaucoup moins bien en bourgeois, Isaure ?

— Mon ami, dit la jeune femme en éludant cette étrange question, je pense qu'on a dû servir le déjeuner dans la pièce voisine.

— C'est juste, et nous allons te laisser à ta toilette... Viens, Raoul.

— Ah çà, dit le lieutenant à son ami, lorsqu'ils eurent quitté la chambre d'Isaure, tu veux donc décidément me brouiller avec ta femme ? Tu brusques beaucoup trop la connaissance, mon cher ! on ne jette pas de la sorte un homme à la tête des gens, et l'excès, en matière d'éloges, donne souvent des nausées.

— Voyons, ne te fâche pas, dit Conrad, je te laisserai dorénavant faire valoir seul ton mérite... Mangeons les huîtres.

Ils s'attablèrent. Raoul ne pouvait assez admirer l'étonnante conduite de l'épicier. Ce laisser-aller de la part de Conrad ne serait-il qu'une épreuve à laquelle il voulait soumettre la fidélité de sa femme et l'attachement de son ami ? Mais c'était s'exposer à la triste mésaventure du *Curieux Impertinent* de Cervantes, et la simplicité d'un époux ne pouvait aller jusque-là. Raoul imposa silence aux pensées tumultueuses qui naissaient en lui. Ce fut sincèrement qu'il forma la résolution de ne pas abuser de la confiance qu'on lui témoignait.

Cependant, chaque fois que la séduisante image d'Isaure se présentait à son esprit, il s'avouait que Frantz n'avait pas eu tout à fait tort en l'exhortant à partir. Mais il se rassura complétement à la pensée qu'il y avait beaucoup plus de mérite à faire face au péril et à n'y pas succomber.

Conrad et Raoul se levaient de table, lorsque Isaure entra, vêtue, pour la promenade, d'une robe de mousseline des Indes, et coiffée d'un élégant chapeau de paille d'Italie.

— Belle dame, je vous quitte, dit Conrad en déposant un baiser sur le front de sa femme. Et toi, galant chevalier, continua-t-il en se tournant vers Raoul, je te confie mon trésor.

Le lieutenant de la *Minerve* offrit son bras à la jolie promeneuse et la conduisit sur le rivage, où Frantz les attendait avec une barque. Comme la grève était envahie par la vague, et qu'il fallait traverser une planche étroite et vacillante, Raoul souleva dans ses bras sa compagne craintive, et la déposa doucement dans la frêle embarcation, qui s'éloigna du bord au premier coup de rame du vieux matelot.

La mer était unie comme une glace, et de nombreux bateaux pêcheurs, se croisant en tous sens, donnaient à la rade l'aspect le plus animé. Parfois une troupe effarouchée de poissons de mer se montraient à la surface des flots, tantôt plongeant pour échapper aux filets, et tantôt reparaissant à quelque distance et faisant étinceler au soleil leurs écailles argentées. Des milliers de mouettes tourbillonnaient, en poussant des cris aigus, sur la tête de ces voyageurs aquatiques, lesquels rencontraient ainsi des ennemis dans les airs et sur l'onde.

Raoul, voulant donner à la femme de son ami le plaisir de la pêche, héla le bateau le plus voisin et loua des filets, que Frantz fit manœuvrer avec toute la dextérité d'un pêcheur émérite. Vive comme une pensionnaire, Isaure se jetait, sans égard pour sa toilette, sur la capture frétillante, et ses petites mains, en tirant le poisson des mailles humides, rencontraient toujours celles de Raoul.

Ils étaient déjà comme de vieux amis.

— Hum! grommela Frantz entre ses dents, le plus adroit pêcheur ici n'est pas moi ; mon lieutenant jette ses filets à sa manière.

Au bout d'une heure de ce joyeux exercice, Raoul enjoignit à Frantz de reprendre la rame et de se diriger vers le port militaire, où stationnait la frégate.

Isaure monta légèrement à l'échelle de poupe et sauta sur le pont. Guidée par Raoul, elle descendit par les écoutilles et visita les batteries. Elle écoutait avec une curiosité naïve les explications de son conducteur, admirant cet ordre parfait qui règne à bord d'un vaisseau de guerre, et s'extasiant devant la précision avec laquelle l'équipage exécutait les manœuvres. Raoul se livrait imprudemment au plaisir d'entendre la douce voix d'Isaure lui adresser une foule de questions enfantines, et la confiante jeune femme ne s'apercevait pas des émotions qu'elle faisait naître.

Un incident inattendu vint sauver le lieutenant de la *Minerve* du péril de ce long tête-à-tête. On entendit Frantz crier sur le tillac :

— Mille diables ! tournez à babord, ou vous chavirez sur le coup... Là, je le disais bien... Tonnerre !

On entendit en même temps la chute d'un corps lourd au milieu des flots. C'était le vieux marin qui venait de s'élancer par-dessus le bastingage pour repêcher l'imprudent qui n'avait pas suivi son conseil.

Or, cet imprudent n'était rien autre que Conrad, qui, se voyant débarrassé de ses affaires commerciales beaucoup plus tôt qu'il ne pensait, s'était jeté dans le premier bateau venu pour venir rejoindre la frégate et causer une surprise agréable à sa femme et à son ami. Par malheur, au moment où Raoul commandait une manœuvre, le nouveau venu s'approcha trop près du vaisseau de ligne, de sorte que son esquif et lui firent un plongeon immédiat. Mais

Conrad en fut quitte pour la peur. Avant même qu'Isaure et Raoul eussent pris l'alarme, Frantz, au moyen d'une corde qui lui fut jetée par les batteries, hissa dans le vaisseau le malencontreux épicier, ruisselant des cheveux aux talons, mais sain et sauf.

La jeune femme se précipita tout émue à la rencontre de son mari.

— N'approche pas! Isaure, n'approche pas! s'écria Conrad; laisse-moi d'abord évacuer de ma gorge et de mes narines cette diable d'eau salée... Tu ne soupçonnes pas tout ce que j'ai bu!

— Ah çà, dit Raoul en éclatant de rire, tu as donc eu la fantaisie de prendre un bain de mer?

— Laisse donc, mauvais plaisant! c'est ta satanée frégate, que Dieu confonde! qui a causé le sinistre... J'ai failli périr, corps et biens!

— Dame! mon bourgeois, dit Frantz, qui ne ressemblait pas mal à un chien de Terre-Neuve, vu qu'il imprimait à tout ses membres de brusques saccades pour secouer ses habits, il faut arborer pavillon quand on ne veut pas être coulé? Vous m'êtes redevable de dix bouteilles de vieux rhum; ce sera ma prime de sauvetage.

— Je t'en donnerai vingt, mon brave.

— C'est cela, riez, vous autres! ajouta Conrad en s'adressant à Raoul ainsi qu'à sa femme, qui, revenue de sa première frayeur, partageait l'hilarité générale... Au fait, je ne puis disconvenir que je possède en ce moment une véritable physionomie de canard.

— Hum? pensa Frantz, sa femme rit de son costume... pauvre homme.

On regagna gaiement le rivage, car, en résumé, cette aventure ne pouvait plus être considérée que sous le côté plaisant. Conrad lui-même riait de toutes ses forces, en se voyant environné d'une vapeur épaisse produite par la chaleur du soleil qui séchait ses vêtements... Le brave épicier disait qu'il était dans les nuages.

Le lendemain, dès la pointe du jour, une chaise de poste quittait l'hôtel de France. Le lieutenant de la *Minerve* était assis aux côtés d'Isaure, en face de Conrad, qui ne tarda pas à s'endormir, pendant que Frantz, perché sur le siège de derrière, calculait combien la voiture filait de nœuds à l'heure.

IV

CONFIANCE DE MARI

Plusieurs mois avant les événements que nous venons de raconter, le capitaine Belfoy, vieux grognard de l'empire, se voyant attaqué d'une maladie mortelle, appela sa fille Isaure près de son lit de souffrance et lui fit promettre d'épouser Conrad.

— Mais, objecta timidement la jeune fille, mon cousin ne m'a pas vue depuis son départ de Bordeaux.

— Il n'en sera que plus flatté de retrouver en toi une femme accomplie.

— Et s'il avait contracté d'autres engagements, mon père ?

— Il les rompra, morbleu !... C'est-à-dire, pourvu qu'il ne soit pas marié. Mais il ne l'est pas, nous le saurions.

Et le vieux capitaine écrivit à son neveu :

« Mon garçon, je ne tarderai pas à défiler ma
» dernière parade ; viens m'embrasser encore
» une fois et recevoir le seul don que je puisse
» te faire, la main de ma fille. Je te connais
» assez pour croire que tu ne me laisseras pas
» dans l'incertitude du sort de ta cousine. »

Or, Conrad reçut cette missive au beau milieu d'un repas de fiançailles. Il se leva de table, salua gravement sa prétendue, ainsi que ses futurs beau-père et belle-mère, auxquels il montra les quelques lignes de son oncle ; puis, sans autre explication, il quitta les convives attérés, et se rendit à l'hôtel des Messageries, afin de retenir une place pour Bordeaux.

Voilà comment l'épicier de Paris et l'élève de Saint-Cyr se conformèrent au désir du capitaine mourant.

Deux jours après le mariage, la jeune épouse avait changé ses blanches parures contre des vêtements de deuil. Elle n'en était que plus jolie aux yeux de l'amoureux et désintéressé Conrad, qui, pour la décider à le suivre plus promptement dans la capitale, s'empressa de sécher les pleurs qu'elle versait sur la tombe de son père.

Isaure, il faut bien l'avouer, avait entrevu, dans ses rêves de jeune fille, un avenir beaucoup plus séduisant que celui qui s'offrait à elle. En développant son intelligence, l'éducation qu'elle avait reçue avait fait naître dans son âme des idées incompatibles avec son état de fortune, et le désenchantement était venu avant la réalisation de ses espérances.

Néanmoins, la fille du capitaine avait compris qu'elle ne pouvait rester sur la terre sans protecteur. Pour elle, triste orpheline, un époux devait remplacer un père.

Isaure accepta donc la main de Conrad Belfoy sans trop de répugnance. Disons même que son cœur éprouva pour son époux un sentiment de tendre amitié, lorsque celui-ci lui déclara qu'il n'avait jamais eu l'intention de reléguer une femme comme elle dans un comptoir, et qu'il la laissait entièrement libre de se créer un intérieur et de cultiver la peinture et la musique qu'elle aimait passionnément.

Si l'amour pouvait raisonner, le jeune commerçant aurait senti qu'un pareil système l'isolait presque entièrement de sa femme et la plaçait dans une sphère supérieure qu'il ne pourrait jamais atteindre. Mais Conrad, plein d'intelligence et d'action pour les affaires de son commerce, était d'une naïveté désespérante dans toutes les autres circonstances de la vie.

Il ne lui vint pas même à l'idée qu'une jeune femme, abandonnée à elle-même, pouvait puiser dans l'atmosphère parisienne des goûts étrangers à sa condition, des principes de coquetterie autorisés par de fréquents exemples. Il ne prévit pas que les miasmes de la séduction pénétreraient nécessairement dans cet asile recueilli, cet intérieur d'artiste qu'il donnait à sa compagne.

Enfin, Conrad prouva sa complète inexpérience, lorsqu'il admit Raoul au milieu de son intimité conjugale, sanctuaire impénétrable, dont le seuil doit être interdit, souvent même à l'amitié.

Le bon sens du vieux matelot voyait plus clair dans l'avenir que l'amour de Conrad.

Isaure était belle, mais de cette beauté qui court les rues : ensemble de perfections à faire pâmer d'aise un sculpteur, si le miracle qui priva Loth de sa moitié se renouvelait de nos jours. Que l'on entende par beauté l'accord parfait des lignes du visage, la régularité la plus entière dans toutes les proportions d'un corps de femme... Isaure n'était point belle.

Le plus grand charme de sa physionomie consistait dans ses grands yeux noirs, dont le regard limpide filtrait au travers des cils de sa paupière, et faisaient pleuvoir sur tous ceux qui l'entouraient un magnétisme irrésistible. Sa tête, sa gracieuse tête blonde, s'inclinait légèrement sur ses blanches épaules, comme si le corps qui la soutenait, frêle arbuste, avait fléchi sous l'orage de la pensée. En voyant Isaure, on croyait retrouver une de ces légères et suaves apparitions qui voltigent autour de nous dans le vague des songes, ou l'une de ces vierges vaporeuses qui posaient une couronne immortelle sur le front des guerriers d'Ossian.

Raoul eut bientôt jugé sa compagne de voyage. La conversation d'Isaure était si pleine de charmes et son esprit si merveilleusement cultivé, que le jeune lieutenant oublia tout à fait son prosaïque ami, qui ronflait dans un coin de la berline, pour faire valoir tous les avantages que l'éducation et la science du monde lui donnaient sur Conrad.

L'entretien roula d'abord sur le panorama varié qui se développait à leurs yeux. Les sites pittoresques de la Normandie fournirent plus d'une fois au lieutenant de la *Minerve* l'occasion de déployer quelques connaissances qu'il avait acquises en peinture, pour tromper l'ennui de ses longues journées sur l'Océan. Isaure écoutait avec d'autant plus de plaisir ces divagations d'artiste, qu'elle-même était passionnée pour les beaux-arts, et que plus d'une fois elle avait souffert du peu d'enthousiasme de Conrad et de l'impossibilité reconnue de traiter avec lui de pareilles matières. Raoul entretint ensuite la jeune femme de ses excursions lointaines, et lui communiqua les observations curieuses qu'il avait faites en étudiant les mœurs des différentes peuplades avec lesquelles il avait eu des relations. Puis il raconta la prise de Saint-Jean-d'Ulloa, laissant exprès dans l'ombre certains détails qui le concernaient plus particulièrement, afin de provoquer les questions d'Isaure. Trompée par la feinte modestie du narrateur, elle donna dans le piége ; et, se piquant au jeu, elle finit, à force d'insidieux détours et d'adroites investigations, par faire avouer au lieutenant qu'il avait obtenu son grade pour avoir, le premier, planté le drapeau français sur les murs du fort.

En faisant assaut d'intelligence et de vives réparties avec son aimable compagnon de voyage, la jeune femme se rendit-elle bien compte des sensations qu'elle éprouvait? Établit-elle, entre Raoul et son mari, une comparaison qui ne pouvait être qu'au désavantage de ce dernier?... Nous croyons qu'il n'en fut rien d'abord.

Isaure ne connaissait point l'amour, et, commençant à voguer sur la mer orageuse du monde, elle ne pouvait en apercevoir les écueils. Cependant elle ressentit une espèce de froissement dans son amour-propre, lorsque la chaise de poste, après avoir roulé quelque temps sur le pavé de Paris, s'arrêta devant un magasin de la rue Saint-Honoré.

De nombreux commis, revêtus de l'inévitable serpillière, s'empressaient à l'envi de saluer le patron... Conrad rentrait dans son élément. La jeune femme et Raoul descendaient des nuages pour marcher terre à terre dans les sentiers de la vie réelle.

L'épicier conduisit Raoul dans un appartement assez confortable au second étage, et lui dit en lui pressant cordialement la main :

— Mon cher, tu es ici chez toi !... Fais-moi le plaisir de ne t'occuper de rien autre chose que de passer le temps le plus agréablement possible... le reste me regarde. Par exemple, tu me pardonneras de ne pas être le compagnon fidèle de tes joyeuses parties : je me dois à mon commerce... Si je ne craignais d'abuser de ta galanterie, je te ferais une proposition.

— Laquelle ? demanda Raoul.

— Mais, en vérité, j'aurais honte de t'imposer une pareille corvée.

— Parle donc !

— Isaure ne connaît pas encore la capitale, dit Conrad avec un air de bonhomie sous lequel Raoul crut deviner un piége : veux-tu lui servir de cicérone ? Puis-je compter sur ton obligeance pour me remplacer près d'elle, lui montrer les spectacles, les concerts, les promenades, toutes les curiosités de Paris ?... si toutefois cela te fait plaisir, car je ne veux pas que tu t'imagines que j'exploite l'hospitalité que je te donne. Tu dois comprendre qu'il serait absurde d'emprisonner ma femme dans un ignoble magasin d'épicier, de la faire poser du matin au soir devant mes pratiques... Une femme comme elle !... *Margaritam ante porcos !* Hein, l'élève de troisième n'a pas encore perdu son latin ?...

Voyons, tu seras le cavalier d'Isaure... Ça va, c'est convenu !

— Je n'ai rien à te refuser, répondit le lieutenant de la *Minerve* en attachant sur Conrad un regard profondément scrutateur.

Mais tous ses soupçons s'évanouirent devant la candide physionomie de l'épicier : décidément, la franchise la plus entière avait dicté la proposition de Conrad. L'honnête mari ne concevait pas la moindre crainte, et paraissait tout joyeux en pensant que le séjour de Raoul allait varier la monotonie de l'existence d'Isaure et permettre à la jeune femme de satisfaire sa curiosité d'artiste.

Raoul devait-il accepter ce rôle de chaperon, cette position dangereuse vis-à-vis de celle qu'il se sentait sur le point d'aimer, qu'il aimait déjà peut-être ? N'allait-il pas trahir le plus saint de tous les devoirs, celui qu'impose à une âme loyale la confiance illimitée d'un ami ? Sans doute la prudence lui conseillait de rejeter la proposition de Conrad ; mais comment motiver un refus sans froisser toutes les bienséances, sans manquer aux règles de la plus simple politesse?

Après le départ de l'épicier, Frantz regarda soigneusement son maître, et devina sans peine le sujet des méditations dans lesquelles il le voyait plongé. La langue du vieux matelot le démangeait furieusement ; il murmura, tout en tirant les effets contenus dans la valise, et comme se parlant à lui-même :

— Un pilote bien avisé doit pincer le vent, quand un grain s'annonce : autrement il s'expose à sombrer sous voiles... Que diable! on devrait mieux gouverner une goëlette, surtout si la gaillarde est fine voilière et vous entraîne vers des terres inconnues.

— Que signifie ce langage? demanda Raoul avec sévérité.

— Ce langage, mon lieutenant, signifie que nous agirions avec prudence en quittant ces parages... Vous apercevez au loin un terre délicieuse ; mais il y a des rochers à fleur d'eau qui s'opposeront à la descente... J'ai l'œil fin, mon lieutenant !

— Et la langue toujours prête à tourner...

— Possible !... pourtant si j'ai dit jamais quelques paroles raisonnables, c'est bien certainement aujourd'hui. L'épicier tient le gouvernail comme une véritable mazette, et je ne serais pas étonné...

— Vieux fou ! dit Raoul en haussant les épaules.

— Naviguons alors ! répliqua Frantz, je ne serai pas récalcitrant à la manœuvre ; mais gare le naufrage !

— Qu'importe ! s'écria le lieutenant de la *Minerve*, qui fit un effort visible pour se distraire d'une pensée qui le tourmentait comme un remords. Je n'ai pas cherché l'occasion qui se présente... Le hasard me place sur les traces d'une jolie femme, ou plutôt son aveugle mari me rapproche d'elle... Le sort en est jeté : j'aime Isaure !

— Parbleu ! croyez-vous donc que je ne l'aie pas vu, mon lieutenant... Ça chauffait dur pendant le voyage.

— Si tu as assez de clairvoyance, dit Raoul avec un ton qui n'admettait pas de réplique, pour t'apercevoir de ce qui ne te regarde pas, fais-moi le plaisir de te renfermer dans les bornes de la plus entière discrétion : les remontrances ne sont pas de mon goût.

— Suffit, mon lieutenant, dit le vieux matelot en portant la main droite à son chapeau de toile cirée ; nous n'oublierons pas la consigne.

Il se disposait à sortir pour laisser reposer son maître, qui n'avait pas fermé l'œil pendant tout le cours du voyage, lorsqu'un geste de Raoul le retint à sa place.

— Tu as dû remarquer tout à l'heure une espèce de femme de chambre à l'œil mutin, au minois chiffonné... C'est, je pense, la domestique de madame Belfoy.

— Oui, mon lieutenant.

— Sais-tu son nom ?

— Mariette... vive, frétillante comme une anguille de mer!... Friand morceau, mon lieutenant.

— Prends cette bourse! Change tes habits de marin contre d'autres vêtements plus convenables... Fume des cigares, bois du grog et fais la cour à Mariette... Voilà l'emploi de tes journées !

— Merci ! dit Frantz en acceptant la bourse. Puisque vous me l'ordonnez, mon lieutenant, je vais mener une vie de pacha. N'ayez pas peur, le vieux navire se mettra promptement à la piste de la felouque en question. Si je la prends à l'abordage, nous aurons une petite flotte assez bien montée pour donner la chasse à votre jolie corvette.

Les scrupules de Frantz cédaient enfin à la

volonté de son maître, et l'on voit que Raoul avait étouffé déjà ce sentiment de délicatesse qui s'éveille dans le cœur d'un homme, au moment de tenter une séduction, voix intérieure qui l'avertit de sa force et de la faiblesse de celle qu'il a choisie pour sa victime, et lui donne d'avance tous les torts.

Mais il était dans le caractère du lieutenant de franchir tous les obstacles, même ceux qu'un reste de vertu dressait dans son âme à l'encontre des mauvaises passions. Il étourdissait sa conscience avec des sophismes, et taxait d'imbécillité la confiance sans limites que lui témoignait Conrad. Il déplorait le malheur d'une jeune femme, belle, sensible, douée par la nature et l'éducation de qualités supérieures, et qui voyait ses plus beaux jours s'écouler tristement, au milieu de l'aride désert d'une union mal assortie.

En se disant qu'Isaure n'avait point d'amour pour Conrad, Raoul ne se trompait pas; mais il était dans l'erreur en la jugeant malheureuse. Toutes les plantes ne demandent pas le soleil brûlant des tropiques, ni les chaudes raffales d'un vent d'orage : il en est qui verdissent sous un ciel plus doux. La bruyère des montagnes perce la neige et montre à la surface ses branches fleuries.

La jeune femme ressentait pour son époux une affection basée sur l'estime : paisible amitié souvent préférable à ce sentiment fougueux qu'on appelle l'amour, et qui, semblable à la tempête, bouleverse les flots d'une tranquille existence et découvre les abîmes de la passion.

Isaure, timide enfant, élevée dans le sommeil des sens, ne connaissait pas encore ces désirs impétueux que renferme le cœur d'une femme, et qu'un souffle peut réveiller sous la cendre. Aura-t-elle de la reconnaissance pour le téméraire qui viendra lui dévoiler les mystères de la vie ? Ne regrettera-t-elle pas un jour le calme de l'ignorance ? Cet homme, que l'imprudente amitié de son mari lui fait un devoir d'accueillir, dont la conversation pleine d'entraînement lui a déjà montré sous un autre jour les hommes et les choses ; cet homme est-il donc d'une nature différente de celle de Conrad, pour captiver à ce point son attention, pour faire battre son cœur, comme elle ne l'a point senti battre encore ? Pourquoi n'a-t-elle pas la force de soutenir son regard ? Pourquoi la rougeur couvre-t-elle son front, lorsqu'elle voit paraître Raoul ?

Isaure prévit instinctivement le péril qui la menaçait. En descendant au fond de son âme, elle s'effraya d'y voir si profondément gravée l'image d'un autre que son mari, d'un homme qu'elle connaissait à peine, et qui pourtant jetait déjà le trouble dans ses pensées. La jeune femme s'empressa de faire appel aux sentiments religieux qu'on avait inculqués à sa jeunesse; elle se réfugia dans la prière comme dans un asile impénétrable où la séduction ne pourrait l'atteindre. Mais, hélas! au milieu de ses plus ferventes aspirations vers Dieu, le fantôme de cet amour naissant la poursuivait encore. Elle se rappelait cette promenade sur mer, où ses mains avaient touché celles de Raoul; ce fatal voyage pendant lequel elle s'était livrée si imprudemment au plaisir de l'entendre. Elle pleura ce rêve d'un jour que la voix impérieuse du devoir venait de briser. Cependant elle sortit avec avantage de la lutte, car le souvenir de son père expirant vint se retracer à sa mémoire. Elle fit à cette ombre sacrée le serment de ne jamais trahir un homme aussi généreux que Conrad, et elle s'appliqua désormais à prendre vis-à-vis du lieutenant une contenance pleine de froideur et de réserve.

Raoul était trop adroit pour ne pas deviner les combats intérieurs qui se livraient dans l'âme d'Isaure. Il s'attendait à cette nouvelle manière d'être à son égard, et s'en félicita comme d'un préliminaire indispensable. Mais il se garda bien de laisser voir qu'il avait remarqué ce changement... Ce fut Conrad qui, le premier, parut choqué de l'espèce de contrainte qu'il voyait régner entre sa femme et son ami...

— Isaure, dit-il à la jeune femme, un soir que celle-ci lui avait paru plus froide encore que de coutume, tu sembles oublier que Raoul est notre hôte... Cette dignité de grande dame qui te sied si bien, mais qui l'intimide et le blesse, garde-la pour d'autres!... Sois bonne et douce avec lui comme avec moi. Tu le sais, je maudis les affaires qui absorbent tous les instants que je voudrais employer à te procurer des distractions. Profite du séjour de Raoul à Paris : il veut bien être ton cicerone, et tu dois lui savoir gré de cette complaisance.

Isaure balbutia quelques excuses, et finit par croire qu'elle avait tort de s'alarmer de la présence de Raoul dans son intérieur. Elle se laissa guider par l'inexpérience de son trop confiant époux, et resta dès lors exposée sans défense aux tentatives de séduction du jeune lieutenant, qu'elle se croyait obligée de regarder comme un frère, et qui profitait de son rôle de cavalier servant pour lancer la jeune femme au milieu du tourbillon des plaisirs, et lui ôter jusqu'à la faculté de faire un retour sur elle-même.

V

LE BOIS DE BOULOGNE

Mais la conduite de Raoul était si habilement soumise aux règles des plus strictes convenances, que tous les fantômes, qui d'abord avaient effarouché la vertu de madame Belfoy, ne tardèrent pas à s'envoler. Le respectueux cicérone ne donnait pas la moindre prise aux soupçons. Semblable à ces adroits chasseurs qui s'entourent de feuillage pour approcher de la biche craintive des forêts, il déguisait les manœuvres de la séduction sous le masque de l'indifférence, et n'empiétait pas moins chaque jour sur la ligne de circonvallation tracée par la prévoyance d'Isaure.

Elle visita tous les monuments de la capitale en compagnie de son sigisbé, parcourut ensuite les galeries du Louvre, appuyée sur le bras de Raoul, écoutant ses dissertations artistiques, discutant avec vivacité pour défendre certaines toiles contre un jugement trop sévère, ou s'abandonnant à son naïf enthousiasme en présence de l'œuvre d'un grand maître.

Les spectacles eurent leur tour, et Raoul sut doubler la surprise et le plaisir d'Isaure. Il commença par les théâtres du boulevard, et monta graduellement jusqu'à l'Opéra.

Ses plans étaient jetés : il ne s'en écarta pas d'une ligne.

Le matin du jour où la jeune femme devait admirer Duprez dans les *Huguenots*, le lieutenant de la *Minerve* parut tout à coup sombre et rêveur. En vain Conrad essaya-t-il de dissiper cette tristesse, à l'heure du déjeuner, par des calembours de sa fabrique, la figure de Raoul ne se dérida pas. Une question prévenante d'Isaure, qui attribuait cette humeur noire à un dérangement dans la santé de son cicérone, n'obtint qu'une réponse froidement négative.

— Je saurai ce qu'il a dans le ventre! dit Conrad à l'oreille de sa femme.

Et comme Raoul regagnait son appartement, il le suivit.

Bientôt Isaure, inquiète, vit redescendre son époux, qui se tenait les côtes en riant aux éclats.

— Le croirais-tu, s'écria-t-il, ce pauvre Raoul a les scrupules et la délicatesse innés d'un séminariste! Dans quel temps vivons-nous, bon Dieu! pour qu'un marin s'alarme, ni plus ni moins qu'une vierge candide? Figure-toi que son vieux ivrogne de matelot, qui boit mon rhum du matin au soir, sous prétexte qu'il m'a sauvé la vie, a recueilli dans le quartier, j'ignore quels propos de commères... et voilà le motif de la jolie figure qu'il nous a faite tout à l'heure. Hein, qu'en dis-tu ?

— Mon ami, dit Isaure, quand vous m'aurez expliqué ce dont il s'agit, je pourrai vous répondre.

— C'est juste, voici l'affaire. Raoul m'a déclamé des phrases superbes. Il prétend que la réputation d'une femme est une fleur qui se flétrit au souffle de la médisance; que je suis un époux inconséquent d'avoir autorisé vos fréquentes sorties... que sais-je? J'ai pris le parti de lui rire au nez.

— Pourtant, si l'on a tenu des propos, le fait est grave, et M. de Bougival...

— Vas-tu chercher à l'excuser? Quoi! parce que des voisins jasent, il faudra que je mette ma femme en charte privée, que je lui interdise la promenade, le grand air, comme un Ottoman jaloux? Je n'aurai pas le droit de la confier à la complaisance d'un ami, sans qu'on en tire des conjectures?... Oui, n'est-ce pas, je dois te laisser mourir d'asphyxie entre quatre murailles; je dois te barricader avec des tonneaux de mélasse et des paquets de savon, te clouer à mon comptoir pour compter des gros sous et peser de la chandelle?... Ah! les voisins jasent! Morbleu! les voisins auront beau jeu; car, ce matin, je t'ai acheté un habit complet d'amazone : ils te verront monter à cheval avec Raoul et partir au galop pour le bois de Boulogne!

— Vraiment, Conrad, vous avez fait cette folie? demanda la jeune femme, qui rougit involontairement de plaisir.

— Eh! ne sais-je pas qu'à Saint-Cyr tu as appris l'équitation? A défaut d'une jument anglaise, ne montais-tu pas, à Bordeaux, le vieux cheval de bataille de ton père?

— C'est vrai, dit Isaure en souriant, et la pauvre bête ne pouvait plus aller qu'au pas.

— C'est pourquoi je t'ai loué une monture

plus fringante, dit Conrad en se frottant les mains. Ah! les voisins jasent! eh bien! je veux qu'après le départ de Raoul tu fasses, deux fois la semaine, une promenade en calèche. Puisque nous devons, un jour, avoir un équipage. En attendant, va passer ton amazone.

— Mais, dit Isaure avec un léger tremblement dans la voix, les scrupules de votre ami...

— N'existent plus! interrompit Conrad. J'ai fait comprendre à Raoul qu'il était de sa dignité, comme de la nôtre, de mépriser de semblables commérages. Ce raisonnement n'admettait aucune réplique de sa part. Cependant, il se trouvait influencé par les rapports de Frantz, au point qu'il essaya d'ébranler ma résolution en disant :

— « Mais toi, qui ne crains pas de me confier ta jeune femme, as-tu réfléchi sur la faiblesse humaine et sur les inclinations perverses de notre nature qui pourraient me pousser à trahir l'amitié? »

» J'aurais conçu la moindre crainte, lui répondis-je, que la franchise de tes paroles la dissiperait : on n'avertit pas l'homme que l'on veut tromper. Tu es le meilleur des amis; Isaure est la plus vertueuse des femmes : l'ombre d'un soupçon n'arrivera jamais jusqu'à moi.

» Ces paroles, ajouta Conrad, ont fini par le convaincre qu'il avait tort. Il s'apprête à t'accompagner : je vais envoyer chercher les chevaux.

Isaure demeura toute troublée de cet étrange incident, soulevé par Raoul, et de la singulière naïveté avec laquelle son mari venait de lui en développer les détails. Conrad, avant de la quitter, la prévint qu'elle ne devait point paraître avoir reçu cette confidence, afin de ne pas mettre le lieutenant de la *Minerve* à la gêne.

La jeune femme sentit s'évanouir la confiance qui l'avait bercée jusqu'alors. Une vague inquiétude l'assaillit, lorsqu'elle se vit seule avec Raoul à l'ombre d'une avenue solitaire du bois de Boulogne. La figure du cicérone conservait toujours cet air de solennelle tristesse qui, le matin même, avait frappé ses hôtes.

Isaure chevauchait silencieusement aux côtés de Raoul, se demandant, presque avec effroi, quelles étaient les pensées de cet homme qui, tout à l'heure, avait laissé pressentir qu'il pouvait éprouver pour elle un sentiment d'amour.

Il y eut un instant où, jetant les yeux sur la physionomie bouleversée de son compagnon, madame Belfoy crut voir une larme glisser sous la paupière de Raoul. Dès lors, sans chercher plus longtemps à en deviner la cause véritable, elle s'émut à l'aspect de cette souffrance intime, qui se trahissait sans doute, en dépit d'un violent combat intérieur, et son âme n'était plus accessible qu'à la pitié, lorsque le lieutenant de la *Minerve*, sortant tout à coup de l'obstination de son silence, lui dit avec un accent plein de mélancolie :

— J'attriste votre promenade, n'est-ce pas, madame? Vous devez me trouver terriblement maussade, et je suis confus du peu d'empire que j'ai sur moi-même.

— Si vous avez des chagrins, dit Isaure avec émotion, vos amis ne peuvent-ils donc les adoucir?

— Non, madame, répondit brusquement Raoul. L'amitié ne ferait qu'envenimer ma blessure : je veux être seul malheureux.

Et, sans attendre de réponse à cette boutade, il partit au galop.

La jeune femme retint la bride à son cheval, qui se montrait d'humeur à partager la course échevelée de celui de Raoul. Lorsque, dix minutes après, le lieutenant la rejoignit, il avait le front calme et le sourire sur les lèvres, mais Isaure était piquée au vif... Raoul l'avait prévu.

— Monsieur, lui dit-elle avec un ton de bouderie qui le charma, puisque vous avez cru vous-même votre présence inutile à ma sauvegarde, permettez-moi de vous fausser compagnie à mon tour.

En un clin d'œil elle fut au bout de l'avenue; mais Raoul courait derrière elle à peu de distance. Dépitée de se voir suivie, madame Belfoy stimula sa monture à coups de cravache. L'animal s'indigna sans doute du peu d'à-propos de la correction, car il se cabra violemment et voulut démonter la pétulante amazone. Sentant qu'elle se tenait ferme malgré les ruades, il fit un écart prodigieux et se jeta dans le taillis. Bougival vit le péril : les branches allaient atteindre et blesser Isaure. Prompt comme l'éclair, il força son cheval à franchir le fossé, dépassa les fugitifs; puis, s'affermissant sur ses étriers, il saisit d'un bras vigoureux la jeune femme au passage et la déposa saine et sauve sur la pelouse.

Il mit ensuite pied à terre et courut après la monture d'Isaure, dont la fougue s'était calmée devant l'épaisseur du taillis, et qu'il ramena, dûment corrigée de son escapade.

— C'est me punir trop sévèrement que de vous exposer à ce qu'il vous arrive malheur! s'écria-t-il en prenant avec vivacité la main de madame Belfoy qu'il pressa contre ses lèvres.

Cette action de Raoul contrastait d'une manière si étrange avec toute sa conduite de ce jour, qu'Isaure ne put se défendre d'un sentiment de peur. Elle balbutia quelques phrases polies de remercîment et s'empressa de remonter à cheval.

Le lieutenant voulait lui tenir la bride jusqu'à la sortie du bois, afin d'empêcher, disait-il, un nouvel accident; mais elle accueillit cette prévenance par un refus positif.

Raoul avait atteint son but; pourtant il n'était pas dans son intérêt que la rancune qu'il s'était attirée se prolongeât davantage. Il mit donc son cheval au pas de celui d'Isaure et commença l'entretien suivant, pour lequel la jeune femme ne paraissait pas d'humeur à faire de grands frais.

— J'avais cru remarquer en vous, lui dit-il avec amertume, une espèce de pitié pour la peine secrète qui m'accable; mais c'était une illusion, car autrement vous auriez mieux interprété ma folie passagère. N'avez-vous donc jamais vu, madame, un malade s'irriter et tâcher de s'enfuir, quand le scalpel d'un chirurgien veut sonder une plaie douloureuse? L'heure de la résignation ne vient qu'après le tribut payé à la nature. Ai-je donc été si longtemps à me résigner, que j'aie mérité votre colère à l'instant où je revenais pour vous ouvrir mon cœur?

L'accent que Raoul avait mis à ces paroles alla droit à l'âme d'Isaure. Elle leva sur le désolé lieutenant un regard humide et lui tendit la main, qu'elle ne retira pas cette fois lorsqu'il l'approcha de ses lèvres.

— Vous me pardonnez? s'écria-t-il avec joie.

— C'est à moi de vous demander grâce pour ne vous avoir pas compris, répondit-elle avec un sourire que Raoul n'eût pas cru payer trop cher au prix de dix années d'existence.

— Ainsi, continua madame Belfoy, vous n'aviez pas assez de confiance en nous pour chercher des consolations dans notre amitié?

— Hélas! madame, je ne suis pas coupable d'un défaut de confiance! Si je me suis tu jusqu'alors, c'est que j'ai la certitude que mon mal est incurable, et vous allez en juger vous-même. Ah! les maladies du corps font éprouver des tortures infiniment moins cruelles que les maladies de l'âme. Qu'importe la souffrance physique! la mort vient tôt ou tard y mettre fin. La souffrance morale, au contraire, dure peut-être au-delà du tombeau.

— De pareils sentiments ne sont pas chrétiens, monsieur de Bougival.

— C'est vrai, répondit Raoul; mais je n'ai

qu'une foi médiocre en cette Providence qui nous jette ici-bas comme autant d'enfants perdus, et qui double, pour certains êtres, la somme des douleurs, sans les prémunir contre le désespoir. De quel droit celui qui m'a fait le triste présent d'une existence que je ne lui demandais pas, exige-t-il la félicité que j'entrevois contre les vagues promesses d'un bonheur inconnu? Si, pour moi, le ciel est dans un sourire d'amour, pourquoi ne serai-je pas libre de choisir ce sourire? Mais ce choix même est souvent interdit. Vous rencontrez, au bras d'un autre, la femme qui seule pouvait vous donner les joies délirantes et les transports de l'amour... Alors il faut se taire et mourir! N'avais-je pas raison tout à l'heure en vous disant que mon mal était sans remède?

— Ainsi vous avez une passion malheureuse? demanda la jeune femme avec un visible embarras, car elle craignait de comprendre Raoul.

— Mais le lieutenant de la *Minerve* avait trop

bien calculé la gradation des moyens qu'il devait mettre en œuvre sur l'esprit de madame Belfoy, pour en compromettre la réussite par un aveu trop brusque. Il reprit en soupirant :

— Savez-vous, madame, un homme plus à plaindre que celui qui s'est toujours trouvé seul au monde avec une immense plénitude d'amour au cœur et sans un objet sur lequel il puisse la déverser ? Je n'ai jamais connu les plus douces sensations de la vie, ni les caresses d'une mère, ni celles d'une amante. Orphelin dès l'enfance, il m'a fallu passer à l'âge mûr, avant d'avoir effeuillé les roses de la jeunesse. Du haut du char des illusions qui m'entraînait vers les nuages, je suis retombé dans la fange sociale et j'ai dit à mes beaux rêves un éternel adieu. Tous les trésors d'amour et de poésie, dont mon âme allait s'enrichir, j'ai dû les sacrifier à la froide raison. J'ai pâli sous le joug de l'étude, qui n'offrait à ma tête ardente que les desséchants axiomes de la science, que d'arides combinaisons de chiffres... Et tout cela, pour me faire un avenir, pour être quelque chose en ce monde et ne pas descendre à la condition de paria. J'ai bien réussi, n'est-ce pas, madame?... Car est-il autre chose qu'un paria, le malheureux qui aime sans être aimé, qui se trouve sans famille, au milieu de cette grande famille de l'univers, et n'a pas un être qui s'intéresse à lui?

— Vous êtes injuste, monsieur de Bougival, dit Isaure, qui cessait involontairement d'être en garde contre son émotion. N'avez-vous pas des amis sincères? Oubliez-vous Conrad et m'oubliez-vous moi-même?

— Merci, madame, merci de ces douces paroles! Votre amitié versera, je n'en doute pas, un baume bienfaisant sur ma blessure, mais arrachera-t-elle le trait qui m'a frappé? D'ailleurs, il faudra vous quitter un jour et rester seul avec mes souvenirs. Oh! j'avais cru rencontrer un aliment à mon activité dévorante, en parcourant les mers, en visitant tous les recoins du monde ! Je cherchais à me passionner pour le spectacle sublime de mon frêle vaisseau, perdu sur l'immensité de l'Océan, abrité par l'immensité du ciel... mais je n'ai pu réussir à combler avec de l'enthousiasme le vide affreux de mon cœur. La tempête, que les vents excitaient sur les flots, grondait moins terrible que la tempête de mes sens ; la bataille, avec le fracas de ses mille voix d'airain, ne parvenait pas à faire taire le cri suprême de douleur que jetait mon âme isolée. Pour mettre un terme à ma souffrance, j'ai couru froidement à l'encontre de la mort, et j'ai trouvé la gloire... Amère dérision de ma destinée ! Que m'importe la gloire, si je ne puis déposer aux pieds de celle que j'aime les palmes que j'ai conquises ?... Vous voyez bien, madame, qu'il n'est plus pour moi de bonheur possible, puisque cette femme, dont je vous tairai le nom, ne peut répondre à mon amour.

Raoul, à ces mots, jeta les yeux sur Isaure : il la vit essuyer furtivement une larme.

— Peut-être, continua-t-il, elle m'offrira, comme vous venez de le faire, une amitié dont la douceur endormira mon chagrin... Mais le réveil sera terrible; car, au jour des adieux, l'amitié m'aura fait connaître les trésors de sensibilité cachés dans le cœur de cette femme, et je verrai seulement alors tout ce que j'aurai perdu... Mais pourquoi vous attristerai-je davantage? Pardonnez-moi les digressions si naturelles à la douleur : le malheureux trouve rarement une oreille compatissante au récit de ses maux, et je vous remercie, madame, d'avoir bien voulu m'entendre !... Ce matin, j'ai dissimulé, vis-à-vis de Conrad, la véritable cause de ma tristesse : il ne m'aurait pas compris.

— Quoi! dit Isaure avec surprise, ces propos recueillis par votre domestique...

— N'ont jamais été tenus, madame! Pardonnez-moi le moment de misanthropie pendant lequel j'ai voulu déserter votre aimable société. Dorénavant semblable tentation ne m'arrivera plus, je vous le jure. Mais je ne pouvais expliquer mon impolitesse apparente que par des raisons qui vous fussent personnelles... La confidence que je viens de vous faire est une excuse...

— Que je n'admets pas! interrompit en souriant madame Belfoy. Votre imagination s'est-elle trouvée tellement au dépourvu, que vous ayez été forcé d'inventer une fable qui pouvait faire naître des craintes sérieuses dans l'esprit de Conrad?

— Ah! madame, interrompit Raoul en enveloppant Isaure d'un regard que la jeune femme ne put supporter sans trouble, j'avais peut-être aussi mes raisons pour cela!

VI

L'OPÉRA

A la sortie du bois de Boulogne, ils traversèrent rapidement les Champs-Élysées, puis les rues de Rivoli et de Castiglione, sans échanger un seul mot. Raoul avait fait suffisamment comprendre qu'Isaure était cette femme aimée de lui sans espoir ; mais il avait parlé d'une manière assez peu explicite, pour qu'elle n'eût pas le droit de lui faire un reproche ou de se plaindre à son époux.

— Votre promenade a été bien longue, dit

Conrad en les voyant mettre pied à terre. Avez-vous donc oublié que vous deviez aller aujourd'hui à l'Opéra? Je pense que vous ne sacrifierez pas un dîner au plaisir de voir les *Huguenots?*

— En l'expédiant avec promptitude, nous arriverons encore, dit Raoul, qui tira sa montre et jeta sur Isaure un regard furtif.

Elle approuva ces paroles par un signe de tête, à la grande surprise du lieutenant, qui s'attendait à un refus.

Madame Belfoy ne lui en voulait donc pas de sa hardiesse? Il pouvait se livrer à l'espérance, car il était impossible qu'il n'eût pas été compris, et pourtant on ne semblait pas disposé à le punir.

En effet, il fallait attribuer, moins à un sentiment de colère qu'à une vive émotion, le silence d'Isaure pendant le reste du trajet. Touchée de la sombre peinture que Raoul lui avait faite de l'état de son âme, elle s'était laissée prendre au piége de la compassion. Puis, le trait inattendu, décoché par le séducteur, la trouva dégarnie de tous ses moyens de défense et pénétra profondément dans son âme.

Rentrée chez elle, Isaure s'effraya de la secrète impression de bonheur qui se mêlait à son trouble. La femme est un oiseau qui chante et bat joyeusement des ailes aux rayons du soleil de l'amour : il n'était donc pas étonnant que madame Belfoy fût soumise d'abord aux conséquences forcées de sa nature de femme, sauf à obéir ensuite aux impulsions du devoir et à se réfugier dans le sanctuaire des principes.

D'ailleurs, M. de Bougival ne lui a pas fait de déclaration positive; et, puisqu'il reconnaît lui-même que son amour est sans espoir, il ne sortira jamais sans doute des bornes du respect. Pourquoi donc le chagriner par une rigueur intempestive ? Pourquoi lui enlèverait-elle la consolation promise, son amitié?

Madame Belfoy descendit de sa chambre après avoir changé de toilette.

Pendant le dîner, le lieutenant de la *Minerve* fut d'une gaieté charmante. Isaure se trouva froissée de cette transition subite de la tristesse à l'enjouement; mais Conrad, qui attribuait ce changement à la force de sa logique, ne pouvait se lasser de féliciter Raoul.

— A la bonne heure, s'écria-t-il, tu rentres dans ton caractère ! Où diable as-tu pris tous les préjugés saugrenus sous l'influence desquels tu étais ce matin? Grâce à moi, te voilà joyeux, et je te conseille de goûter rapidement les plaisirs de Paris... Tu n'as pas lu les journaux?

— Non, répondit Raoul.

— Eh bien! tu sauras qu'ils nous annoncent la guerrre.

— La guerre?

— Avec les Anglais, qui, pour mettre un terme aux différends de la Porte et de Méhémet-

Ali, viennent de signer un traité à l'exclusion de la France.

Le vieux matelot, qui avait conservé, depuis le repas de Cherbourg, le privilége de s'asseoir à la table des maîtres, bondit sur son siége.

— Vive Dieu! mon lieutenant, s'écria-t-il, la *Minerve* n'est qu'à deux portées de canon de Portsmouth... Est-ce que nous laisserons commencer le branle-bas sans nous?

A ces mots, Mariette, qui se trouvait derrière lui, le pinça sournoisement. Frantz avait oublié que, pour obéir aux ordres de Raoul, il faisait la cour à la femme de chambre, laquelle cumulait aussi les fonctions de cuisinière, et qui arriva fort à propos pour rappeler son adorateur à des idées plus pacifiques.

Un éclair de joie sillonna le front de Raoul à cette nouvelle inattendue. Mais, ramené tout à coup par la présence d'Isaure à la dissimulation nécessaire à ses projets, il comprit que la jeune femme ne serait pas très-flattée de son empressement à s'éloigner d'elle. Cachant donc le marin sous la peau du Lovelace, il dit avec un sourire ironique :

— Je crains fort d'obtenir une prolongation de congé de six mois.

— Bah! fit Conrad.

— Sans doute, reprit Raoul, car les hommes qui nous gouvernent ont le sentiment inné de la peur. Le pays insulté montrera les dents, mais ils feront des concessions par-dessous main ; on chantera la *Marseillaise* dans les rues, mais ils sauront étouffer l'enthousiasme en le mettant sur le compte de l'émeute. Ils armeront, mais pour se défendre personnellement, et non pour laver la honte imprimée sur le front de la patrie. Qu'importe à cette espèce d'hommes la dégradation de la France? Ils remercieront l'étranger de son mépris, pourvu qu'il leur permette de jouir en paix du fruit de leurs rapines et de leur trahison.

Raoul ne se doutait pas qu'il était prophète.

— Diable! s'écria Conrad, si les ministres connaissaient ton opinion, tu pourrais bien avoir un congé illimité.

Frantz, qui s'était baissé sous prétexte de ramasser son couteau, mais réellement parce que le genou de Mariette se trouvait dans son voisinage, se releva subitement et s'écria :

— Mille boulets ramés! si l'on nous récompensait par une pareille injustice, nous nous ferions pirates, mon lieutenant! car, pour mon compte, je commence à me rouiller à terre.

Une seconde admonition de la femme de chambre, aussi muette, mais plus sensible que la première, punit la récidive du vieux matelot, et Raoul se leva de table en disant à Isaure :

— Tranquillisez-vous, madame; avant qu'on déclare la guerre, nous aurons le temps d'admirer tout le répertoire de l'Opéra.

— Néanmoins, en dépit de cette assertion,

comme il pensait intérieurement que les circonstances politiques motiveraient sans doute son rappel à bord, il résolut de brusquer le dénouement d'une intrigue au succès de laquelle il attachait un point d'honneur.

Le fiacre qui devait les conduire rue Lepelletier attendait à la porte.

Une demi-heure après, madame Belfoy, passionnée pour la musique et ravie par le grandiose du spectacle qui se déroulait devant elle, se penchait, comme une branche flexible, sur le bord d'une loge d'avant-scène. Tout entière à la voix mélodieuse de Duprez, l'enthousiaste enfant ne sentait pas que sa main tremblait dans celle de Raoul, et ne se doutait pas que son cou frais et ses blanches épaules étaient exposés aux regards brûlants du jeune homme.

La toile venait de tomber sur le troisième acte des *Huguenots*. Les yeux d'Isaure, humides de plaisir, se tournèrent languissamment du côté de Raoul.

— Vous devez me trouver bien provinciale, n'est-ce pas, monsieur ? lui dit-elle. Mais je ne comprends pas l'indifférence avec laquelle la société qui nous entoure écoute de pareils chefs-d'œuvre. Il me semble que les partitions de nos grands maîtres doivent révéler toujours de nouvelles beautés, même à ceux qui les entendent pour la centième fois.

— Madame, répondit Raoul, votre préoccupation d'artiste n'a pas assez d'indulgence.

— Comment cela? fit Isaure avec un mouvement de curiosité.

— Ne comprenez-vous pas que l'on puisse rester insensible au charme de l'harmonie, au coup d'œil flatteur qu'offrent ces brillants décors, s'il est un objet dont la vue nous semble préférable, si la voix d'une personne aimée retentit plus agréablement à notre oreille et parle mieux à notre cœur que ces mille voix de l'orchestre ?

— Monsieur de Bougival, dit Isaure, dont les

joues se colorèrent d'un vif incarnat à cet aveu beaucoup plus direct que celui du bois de Boulogne, Meyerbeer ne serait pas très-flatté de vous entendre.

— Il serait de mon avis, madame, s'il pouvait vous voir et vous parler.

La jeune femme se détourna vivement pour cacher sa rougeur. Cette fois, Raoul lui faisait clairement l'aveu de l'amour qu'il avait conçu pour elle; mais était-il dans les convenances de paraître le remarquer? Pouvait-elle jeter le cri d'alarme à la simple appréhension d'un péril peut-être imaginaire? Fallait-il semer la zizanie dans le champ de l'amitié, désunir Raoul et Conrad, changer le doux entraînement de la confiance contre l'amertume des soupçons? M. de Bougival sera bientôt forcé de rejoindre sa frégate. Bien certainement il ne sacrifiera pas son avenir maritime à une femme qu'il connaît à peine, et l'absence éteindra jusqu'au souvenir d'une affection passagère.

Sous ces prétextes, assez plausibles du reste, il faut en convenir, Isaure se dissimulait à elle-même la véritable raison de son silence et de l'encouragement tacite qu'elle accordait à la passion de Raoul. Plongée dans ces rêveries dangereuses que produit un amour qui commence à naître, elle se demandait pourquoi son mari, dont elle connaissait l'excellent cœur et le parfait désintéressement, n'avait pu éveiller chez elle ces échos endormis dans tout âme de femme, et dont la voix de Raoul venait de lui révéler l'existence.

Trois jours se passèrent, pendant lesquels les espérances du séducteur prirent un accroissement rapide. Le matin, il chantait avec madame Belfoy de périlleux duos; le soir, ils retournaient ensemble à l'Opéra, désormais leur théâtre de prédilection. L'imprudente épouse ne songeait pas que la musique a de perfides accords qui mettent en jeu toutes les fibres du cœur. Elle accompagnait avec délices le chant mâle et sonore de Raoul, sans chercher à fuir l'impression que ce chant faisait naître en elle.

Le premier pas était donc fait dans la voie glissante d'un amour illégitime.

A mesure que l'adroit lieutenant grandissait aux yeux d'Isaure, Conrad se réduisait aux mesquines proportions d'un être inférieur, et sa vue produisait sur la jeune femme le même effet que produit, sur certaines plantes, le contact de la main du botaniste : délicate sensitive, elle repliait ses feuilles à l'approche de son époux, et ne s'épanouissait de nouveau qu'à la douce influence de l'amour de Raoul.

VII

UN EFFORT DE VERTU

Il était assez difficile que l'épicier ne s'aperçût pas enfin du changement qui s'était opéré chez sa femme. Naturellement peu jaloux, il attribua d'abord à un caprice féminin cette espèce d'indifférence d'Isaure et le peu d'empressement avec lequel elle recevait ses caresses. Puis il crut remarquer que ces mêmes regards, dont la froideur le chagrinait, s'arrêtaient sur Raoul avec une expression qu'il ne leur avait jamais connue. Le lieutenant de la *Minerve*, lui-même, oubliait la prudente dissimulation qu'il avait adoptée. Se fiant sur la cécité morale du mari, parfois il se permettait certaines allusions, passablement directes, dont il pensait qu'Isaure seule avait l'intelligence. Il dépassait, en un mot, les bornes de la galanterie permise.

Involontairement Conrad devint observateur. Retranché derrière son apparence de bonhomie, il étudia toutes les phases de cette passion, qui se trahissait même en sa présence.

Le pauvre homme frissonnait d'épouvante en songeant que cette femme, sur la tendresse de laquelle il avait basé tout un avenir de bonheur, qu'il avait entourée de mille soins délicats, afin de l'enchaîner à lui par la reconnaissance, était peut-être sur le point de le trahir. Pourtant il l'avait sauvée de la misère ; il n'avait pas voulu qu'elle s'exposât au dégoût des occupations mercantiles, réservant pour lui-même tous les ennuis et toutes les fatigues, afin de ménager son idole. Le moindre désir d'Isaure était un ordre pour lui. Pendant qu'il vaquait aux affaires de son commerce, elle cultivait les arts que lui avait enseignés une éducation supérieure à sa fortune, ou goûtait, sur les coussins d'un divan, le *far niente* des grandes dames. Et pourtant, cette existence, qu'il lui avait permise, il ne l'avait pas crue lui-même assez douce. Il avait fait d'un voyage sérieux un voyage de plaisir, courant la poste avec elle, à la manière des princes, et payant les guides avec de l'or. C'était dans ce voyage qu'il avait reconnu son ancien compagnon de classe, et qu'il l'avait accueilli par les témoignages de la plus franche cordialité. Tremblant, à son retour, qu'Isaure ne s'ennuyât dans son boudoir, et trop occupé lui-même pour l'accompagner au dehors, il avait vu, dans la rencontre de Raoul, un heureux événement qui allait enfin permettre à sa jeune femme de jouir des nombreuses distractions qu'offre le séjour de Paris... Fatale imprévoyance, que ne rachetait pas un tardif repentir, et qui menaçait du naufrage son bonheur conjugal! Hélas! il avait confié ce bonheur à la planche fragile d'une amitié depuis dix ans interrompue !

Le jour où le soupçon s'éveilla, pour la première fois, dans l'esprit bouleversé de Conrad, fut un jour terrible, pendant lequel il vit passer à la fois devant lui le fantôme du meurtre et toutes les furies échevelées du désespoir. Mais ce pénible rêve se dissipa promptement. Les sombres projets d'Othello ne pouvaient germer dans l'âme du pacifique époux.

Nous l'avons déjà dit, Conrad, sans être un aigle, avait un jugement sain, qui devait nécessairement venir à son aide dans les circonstances critiques de la vie. Franc, loyal, et du reste très-peu versé dans les roueries de son siècle, il ne devinait pas le vice, avant d'être victime de ses manœuvres ; mais il avait alors une dose de sagacité suffisante pour les rendre inutiles, et n'était pas, comme tant d'autres, d'un caractère assez lâche pour accepter la honte, ou fermer les yeux sur le déshonneur.

Il résolut d'en appeler d'Isaure à elle-même, persuadé qu'il était de la ramener aux sentiments de rigide vertu qu'elle paraissait mettre en oubli. Mais chaque fois qu'il voulait entamer une explication, l'infortuné mari sentait ses tempes se couvrir d'une sueur glacée; il tremblait comme un coupable, et redoutait de perdre le peu d'affection que lui conservait encore sa femme, en se donnant, vis-à-vis d'elle, le ridicule de la jalousie.

Dans cette extrémité, Conrad composait avec ses craintes et s'efforçait de réduire à néant ses soupçons; mais une circonstance inattendue vint lui rendre l'énergie qui lui était nécessaire.

Toutes les tentatives de Frantz pour emporter d'assaut le cœur de Mariette avaient été d'abord repoussées avec perte. La femme de chambre était une assez jolie Lyonnaise, fringante et délurée, fine et matoise, comme le sont toutes les femmes de son pays. Le visage hâlé du vieux matelot, ses cheveux grisonnants et surtout sa chique éternelle, ne composaient pas une somme assez forte d'agréments physiques pour balancer, aux yeux de Mariette, le sourire agaçant des commis de Conrad et la tournure plus ou moins martiale des fantassins, qui, lors de ses excursions au marché, la suivaient au pas de charge et lui débitaient ces galanteries de caserne à l'usage des femmes de chambre et des bonnes d'enfant. Mais Frantz ne se découragea pas à la première défaite. Nouvel Hercule, il se mit à filer aux pieds de son Omphale.

En conséquence, il ne rougit pas de descendre à fond de cale (c'était le nom qu'il donnait à la cuisine), d'allumer le charbon, de monter les seaux, de porter le panier de légumes au retour du marché. Souvent même il poussait l'oubli des convenances et de sa propre dignité jusqu'à proposer à Mariette de lui permettre d'essuyer la vaisselle.

Cette foule d'attentions délicates finirent par toucher le cœur de l'insensible Lyonnaise.

Un jour, le vieux matelot, qui savait parfaitement diriger sa barque sur la mer capricieuse de l'amour, toucha du bout de sa rame le requin du mariage et le fit monter à la surface des flots. Mariette aperçut le monstre, et, comme toutes les personnes de son sexe, au lieu d'éprouver de la frayeur, elle flatta doucement de la main son dos rugueux.

Ce jour-là, Frantz eut la permission de prendre un baiser sur chacune des joues de Mariette.

Mais il faillit perdre, en un instant, le fruit de sa longue persévérance, pour avoir laissé percer, en présence de sa conquête, certaines inclinations belliqueuses, qui semblaient démentir toutes les protestations qu'il avait faites jusque-là.

Lorsque Conrad annonça la probabilité d'une guerre avec les Anglais, le loup de mer se trahit et montra clairement qu'il préférait la *Minerve* à Mariette. La femme de chambre ne manqua pas de punir, par une rancune infiniment trop prolongée, l'inconstance du volage matelot. Frantz répara sa faute au moyen d'une assiduité beaucoup plus régulière à fond de cale. Il poussa la contrition jusqu'à s'abstenir de sa chique... tant il avait à cœur de servir les intérêts de son maître.

Il fit si bien, qu'il décida Mariette à lui donner un rendez-vous.

C'était jour d'Opéra. Raoul et madame Belfoy ne devait rentrer que fort tard, et Frantz, attablé dans une espèce d'antichambre qui précédait l'appartement de son maître, en était à son quatorzième verre de grog et tirait, de temps à autre, d'une caisse en noyer, d'excellents cigares de la Havane, qu'il fumait en laissant échapper des exclamations furibondes et des gestes non équivoques d'impatience.

— Mille tonnerres! s'écriait-il, depuis deux

grandes heures que j'ai hélé cette maudite felouque, elle ne s'empresse guère d'amener pavillon ! Pour peu qu'elle tarde, je fais feu sur elle de tribord et de babord... Vertudieu ! je lui prouverai que les caronades du vieux navire sont encore en bon état !

Frantz avait à peine achevé d'exhaler sa bile, que la porte s'ouvrit doucement. Une toux assez vive annonça que la personne qui s'introduisait avec tant de prudence, était médiocrement aguerrie contre l'épaisse atmosphère d'une chambre de fumeur.

— Mon Dieu, monsieur Frantz, dit une petite voix flûtée, permettez-moi d'ouvrir la fenêtre... On étouffe ici.

La colère du vieux matelot s'évanouit comme par enchantement à l'aspect du joli visage de Mariette, car c'était la domestique de madame Belfoy qu'il attendait, et l'antichambre était le lieu du rendez-vous : on pouvait y causer plus confidentiellement qu'à la cuisine.

Il jeta son cigare et se dirigea vers la fenêtre pour l'ouvrir. Malheureusement ses nombreuses libations ne lui permirent pas de faire usage de ses jambes.

— Diable ! est-ce que je vais chavirer à l'entrée du port ?... Voyons, ma sirène, aidez-moi donc à me redresser sur ma quille ! Si vous aviez pris la moitié de la cargaison, j'irais un peu mieux de l'avant.

— Vous avez bu, dit Mariette... Ce n'est pas bien, monsieur Frantz.

— Pardieu ! croyez-vous qu'un marin s'humecte le gosier simplement avec de l'eau claire ?

— Vous auriez mieux fait d'en boire aujourd'hui, répliqua Mariette, car, bien sûr, vous n'êtes pas en état de me dire deux paroles raisonnables.

— Vous croyez cela, ma petite hirondelle de mer ?... Eh bien ! je vous dirai que vous êtes charmante ce soir ! vous avez la taille élancée comme le grand mât de la *Minerve* et le visage frais comme la brise du nord-ouest... Mais, tonnerre ! voilà deux heures que je vous attends, et le rhum a bien été forcé de me tenir compagnie.

— Je n'ai pas pu venir plus tôt, répondit la femme de chambre.

— Ecoutez, ma blanche mouette, dit le matelot en retombant malgré lui sur sa chaise, j'ai vu dans mes voyages des femmes superbes, entre autres une collection de négresses un peu variée... mais du diable si je ne vous préfère aux négresses !

— Il est gentil, le compliment que vous me faites là, monsieur Frantz.

— Ne crachez pas sur les négresses, mille diables ! Par la hune d'artimon, j'en ai vu de ficelées, et la mauricaude a son prix !

— Eh bien ! allez rejoindre vos mauricaudes ! s'écria Mariette, de plus en plus piquée du parallèle... Elles supporteront peut-être mieux que moi l'odeur du tabac et du rhum. Bonsoir, monsieur Frantz, si vous conservez d'aussi vilains défauts, je ne serai jamais votre femme.

A ces mots, elle disparut, laissant le vieux matelot tout abasourdi de ce brusque départ. Les yeux stupidement fixés sur la porte, et la bouche béante, il ne se rendait compte que très-vaguement des raisons qui avaient motivé cette fuite.

— Ah! ah! nous sommes bégueule! fit-il en prenant la bouteille de rhum et remplissant son verre jusqu'au bord... Elle a gagné son hamac : en ce cas, je vais la rejoindre... Il sera peut-être assez large pour deux.

Frantz descendit l'escalier en trébuchant. Mais, au lieu de pénétrer dans l'arrière-cuisine, où il espérait trouver Mariette, il ouvrit la porte du cabinet de Conrad et se trouva face à face avec l'épicier, qui, tous les soirs à cette heure, s'occupait à rédiger ses écritures et sa correspondance, pendant que sa femme courait les fêtes et les spectacles, sous la dangereuse tutelle de Raoul.

— Peste ! murmura Frantz entre ses dents, mon plus court est de louvoyer... Je ne m'attendais guère à tomber sur le brick hollandais... Au diable la rencontre !

— Écoute, dit Conrad, qui, s'étant aperçu de l'état d'ivresse du marin, voulut le faire jaser, car il avait ses raisons pour croire que Frantz était fort avant dans la confidence de l'intrigue : puisque tu viens pour me souhaiter le bonsoir, j'ai là quelques bouteilles d'excellent genièvre... Assieds-toi là, je veux t'en faire goûter.

Conrad cherchait quelque formule adroite pour entamer une question si délicate; mais Frantz lui épargna les plus grandes difficultés de l'entreprise.

— Parfait ? s'écria-t-il après avoir bu, coup sur coup, trois verres du liquide que Conrad lui versait... Délicieux, mon lieutenant !... J'aime encore mieux cela que ma part du hamac, qui n'était pas trop sûre, entre nous soit dit...

— Quelle place, et quel hamac ?

— La fièvre jaune étouffe les femmes capricieuses !

— Tu n'es donc pas heureux dans tes amours ? demanda Conrad, qui ne marchait qu'avec incertitude sur le terrain mouvant d'un pareil entretien.

— Je ne dis pas cela, mon lieutenant, poursuivit l'ivrogne, sur le cerveau duquel le genièvre produisait une étrange illusion, et qui croyait voir son maître dans la personne du mari d'Isaure... Nous réussirions certainement si la femme de chambre ne se dirigeait, vent-arrière, vers le phare du mariage.

— Et tu ne veux pas te marier ?

— Hum ! je suis bien vieux pour Mariette... Et quand les jeunes le sont !... Par les cent pieds de quille de la *Minerve*, je ne laisserais pas un amant courir des bordées autour de ma femme, sans jeter le grappin sur le corsaire ?

— Et tu n'aurais pas tort !

— Mille caronnades !... Alors, mon lieutenant, prêchez d'exemple, et ne jetez pas vous-même le grappin sur la femme de l'épicier, car le pauvre diable n'oserait pas le jeter sur vous... Je sais bien que la jolie frégate navigue de front avec votre navire... Hé! hé! le pilote ne voit pas clair, et la coquette y met de la complaisance !... Vous êtes un heureux coquin, mon lieutenant !

— Encore un verre, dit Conrad, dont la figure s'était couverte d'une pâleur soudaine.

— C'est égal, continua Frantz, vous m'avez donné là une satanée besogne, en m'ordonnant de faire la cour à la femme de chambre. Je sais bien qu'il faut l'avoir à notre bord, si jamais il vous prenait fantaisie... Pas un mot de plus ! L'épicier fait quelquefois lit à part... Suffit, je me comprends ! Tout à l'heure, je croyais tenir Mariette; mais je l'ai vue filer entre mes doigts comme le câble de la maîtresse ancre, quand on lâche la barre du cabestan.

Conrad versait toujours du genièvre.

— Au fait, je parie que vous n'avez pas eu besoin de mon secours pour en venir à l'abordage? Voyons, mon lieutenant, de la franchise!... Est-ce que vous avez laissé passer votre promenade du bois de Boulogne en matière de conversation?.... Tant pis! c'est désagréable... Le mari finira par ouvrir les yeux : alors il faudra virer au large, et bonsoir!... Tonnerre! si vous me forciez, cette nuit, à faire mon quart, je serais de mauvaise garde...Le diable emporte le genièvre!... Encore une simple ration... Bonne chance dans vos amours!... Est-ce que la bouteille est vide?

Et comme Frantz venait de rouler sur le parquet, Conrad le fit monter par ses commis dans l'appartement de Raoul. Quant à lui, contrairement à ses habitudes, il voulut attendre, avant de se coucher, le retour d'Isaure.

Il serait difficile de peindre la fiévreuse inquiétude dans laquelle venaient de le jeter les discours décousus du vieux matelot. Le genièvre avait provoqué sans doute l'indiscrétion de Frantz, mais avait-il pu le faire mentir ? Si la saine raison défendait de prendre à la lettre une pareille confidence ; si Raoul n'avait pas communiqué ses coupables projets à son domestique, du moins celui-ci n'était pas dupe des assiduités de son maître auprès de madame Belfoy. L'axiome : *in vino veritas*, se présenta dans toute sa force à l'imagination frappée de Conrad. Cependant il fit sur lui-même de violents efforts pour recouvrer le sang-froid nécessaire à une explication conjugale. Isaure était sur la pente de l'abîme ; mais elle n'y était pas encore tombée : du moins il avait besoin de le croire.

Dès ce moment cessèrent toutes les irrésolutions de Conrad. Le lieutenant de la *Minerve* conspirait sans pudeur contre la paix du ménage de son ami : c'était de la dernière évidence, et l'époux outragé songea sérieusement à le punir. Mais, avant tout, il fallait arrêter, chez Isaure, les progrès d'une passion fatale, et surtout les arrêter sans éclat, sans exposer une jeune épouse à perdre le plus précieux mobile des actions vertueuses, l'estime de soi-même.

Isaure ne tarda pas à rentrer.

Raoul lui avait souhaité le bonsoir sur le seuil de la chambre nuptiale ; et, pour la première fois, croyant avoir amené celle qu'il voulait séduire au point d'intimité nécessaire pour commencer l'attaque, il eut la hardiesse de prendre un baiser sur ses lèvres.

Toute rouge de la sensation qu'elle avait éprouvée, la pauvre enfant comprit alors le but que se proposait l'ami de son époux. Un instant, elle eut Raoul en horreur, et pourtant ce baiser la brûlait encore et la jetait dans un trouble inexprimable. C'était la suprême et fatale révélation de l'amour de Raoul, comme aussi de son amour à elle! La malheureuse le comprenait trop, et le remords le criait assez haut dans l'intérieur de sa conscience : cet homme venait de prendre possession de sa personne; elle était à lui, si le ciel ne venait à son secours!... Ce baiser, dans vingt ans, elle le sentira comme aujourd'hui sur sa bouche frémissante ; c'est le premier cachet de l'adultère... et comment l'effacer, mon Dieu?

Tremblante, éperdue, elle se précipita dans la chambre. N'ayant pas deviné d'abord la présence de Conrad, elle ne fut pas maîtresse de réprimer un mouvement d'effroi, lorsque celui-ci, rompant enfin le silence, lui dit avec un ton de gravité qui ne lui était pas habituel :

— Ce soir, tu rentres bien tard, ma chère amie?

Isaure éprouva dans tout son être un tressaillement convulsif et ses yeux exprimaient presque de la haine, lorsqu'ils rencontrèrent ceux de l'épicier. Le peu de paroles qu'elle venait d'entendre, prononcées avec cet accent froidement interrogateur qui révèle un maître, avaient froissé son orgueil de femme et l'avaient brusquement fait descendre des régions aériennes de l'amour, pour la replonger dans l'ornière où l'enchaînaient à jamais les lois du mariage et les exigences sociales.

Cependant cette dangereuse impression ne fit qu'effleurer l'âme d'Isaure, et bientôt sa bonne et franche nature s'émut, en devinant la souffrance intérieure qui se trahissait sur le visage bouleversé de son époux.

Elle courut au divan sur lequel était assis Conrad et prit place à ses côtés.

— Vous m'avez presque fait peur, lui dit-elle avec un doux sourire, en lui tendant sa main blanche.

— Peur ! dit amèrement Conrad... je t'ai fait peur, Isaure ?

— Mon Dieu, je plaisante ! reprit la jeune

femme avec un effort visible, car elle avait le pressentiment de l'explication qui allait avoir lieu, et lisait, dans le regard de son mari, les douloureux soupçons dont il était agité.

— J'ai voulu t'attendre, continua d'une voix tremblante le jeune commerçant; j'ai voulu te parler, ce soir... car j'ai là, sur le cœur, quelque chose qui m'oppresse.

L'épouse attérée ressemblait, par sa pâleur, à une blanche statue de marbre ; ses yeux étaient fixes, sa respiration suspendue ; ses lèvres seules tremblaient comme si elles eussent essayé de murmurer une demande de pardon.

— Ecoute, Isaure... lorsque tu auras plus d'expérience du monde (je n'en avais pas plus que toi ; mais, depuis deux jours, j'ai tant vécu !) tu comprendras qu'une âme aimante et généreuse peut se cacher sous une enveloppe grossière, tandis que souvent le mensonge et la fourberie prennent de spécieux dehors et font servir à l'exécution de leurs coupables projets l'accueil qu'ils reçoivent sous un toit hospitalier... Que penserais-tu d'un homme admis, sur la foi de l'amitié, dans l'intérieur d'un ménage, et qui chercherait à ravir à son hôte la tendresse d'une épouse chérie?

Un tremblement nerveux agitait tous les membres d'Isaure. Comme si la foudre allait éclater au milieu de l'orage domestique qu'elle prévoyait, elle courba la tête, tandis que Conrad relevait la sienne et reprenait avec cette fermeté que donne, même aux êtres les plus faibles, la conviction de leurs droits :

— Suppose que cet homme profite de l'inexpérience d'une jeune femme, pour la rendre parjure à des serments prononcés sur une tombe, pour lui faire oublier que l'époux auquel elle a volontairement donné sa main, n'a pas d'autre bonheur que son amour, d'autre but que celui de la rendre heureuse... Suppose, dis-je, que le malheureux et trop confiant mari, se voyant sur le point de perdre son unique félicité, le seul espoir qui lui souriait dans un long avenir de travail, veuille arrêter sa compagne sur le bord de l'abîme ; qu'il évoque pour elle le souvenir d'un père dont la bouche mourante a proclamé les vertus de sa fille...; qu'il lui dise enfin : Je t'ai confié l'honneur de mon nom; je suis sans crainte ! A la place de l'épouse, qu'elle serait ta réponse, Isaure?

— Que le nom d'un homme si généreux ne sera jamais flétri ! s'écria la jeune femme en jetant avec effusion ses bras au cou de Conrad.

— J'en étais sûr !... Maintenant, mon amie, ai-je besoin de te dicter la conduite que tu as à tenir ?

— Non, Conrad, non ! dit Isaure en fondant en larmes : je connais mes devoirs, et je vous jure, devant Dieu, que vous n'aurez plus de reproches à me faire.

Puis, levant les yeux au ciel, quand ce premier enthousiasme de vertu fut passé, la pauvre enfant ajouta, mais dans le secret le plus intime de sa conscience :

— Hélas!... pourtant, je l'aime!

VIII

ROUERIE.

Rentré dans sa chambre, le lieutenant de la *Minerve* se frotta joyeusement les mains et jeta ce cri de victoire :

— Elle est à moi !

Le séducteur et sa victime envisageaient donc également, l'un avec satisfaction, l'autre avec terreur, les conséquences du premier baiser. Un miracle seul pouvait arracher Isaure au péril; mais Raoul ne se doutait guère que le bon sens de Conrad allait opérer ce miracle.

La conduite du jeune commerçant peut servir d'exemple à grand nombre d'époux sans prudence qui, bien loin de rester calmes à l'approche de l'orage qui menace leur tête, se démènent et s'agitent au milieu de transports, très-naturels sans doute, mais fort peu judicieux : c'est l'unique moyen d'attirer la foudre. Il est dans le cœur des femmes certaines fibres auxquelles il suffit de toucher pour qu'elles résonnent avec noblesse. Chez elles, il est rare que l'amour fasse oublier l'honneur, si l'on fait appel à ce dernier sentiment. Nous croyons en conséquence que la plupart des maris trompés n'ont le droit d'accuser qu'eux-mêmes. Un arbrisseau s'incline au souffle de la tempête : servez-lui de tuteur et ne le brisez pas.

En se promenant de long en large dans sa chambre, Raoul heurta du pied contre une masse informe qui se remua machinalement avec un grognement sourd. C'était Frantz que les commis de Conrad avaient déposé sur le carreau, lit improvisé dont il s'accommodait à merveille.

Le bonheur rend compatissant. Raoul prit entre ses bras le vieux matelot et le déposa sur une couche moins dure, dans la chambre voisine de la sienne; puis il recommença sa promenade, en compagnie de ses joyeuses pensées.

Cependant, il faut le dire, la joie de Raoul ne fut pas longtemps sans mélange de réflexions pénibles. Aura-t-il le courage de briser froidement la tranquille félicité de Conrad? Une lueur de générosité perça tout à coup le voile épais abaissé sur ses yeux par la passion; mais bientôt, selon sa coutume, appelant le sophisme à son aide, il se persuada qu'il n'outrepassait pas ses droits. Isaure était la seule femme qu'il eût véritablement aimée. Peut-on détruire les rapports sympathiques qui existent entre deux êtres? Peut-on nier, dans le monde moral comme dans le monde physique, les lois invincibles de l'attraction? Si la fatalité toujours aveugle, et si les hommes toujours injustes se sont réunis pour jeter une femme entre les bras d'un époux indigne d'un pareil trésor, n'est-on pas libre de réparer les maux causés par l'injustice de la société, par l'aveuglement du destin ?

Donc Raoul peut reprendre cet ange créé pour lui. Nul en ce monde n'aura le pouvoir de les séparer. Le seul hymen indissoluble est celui que forment les nœuds d'un amour mutuel, et Bougival est aimé de madame Belfoy.

Après s'être fait à lui-même ce raisonnement sans réplique, le lieutenant de la *Minerve* se coucha sans remords et dormit d'un sommeil paisible.

Le lendemain, à l'heure du déjeuner, comme il souriait encore aux songes qui lui présentaient sur leurs ailes bleues la douce image d'Isaure, un coup de sonnette fit envoler brusquement tous ces gracieux fantômes, et le réveil lui montra quelques rayons indiscrets du jour, perçant les doubles rideaux de sa fenêtre pour venir jouer capricieusement sur la rosace du tapis.

Raoul devina sans peine que son domestique n'avait pas encore secoué la torpeur de l'ivresse dans laquelle il l'avait trouvé plongé la veille.

Il passa donc sa robe de chambre et prit le parti d'aller ouvrir lui-même.

C'était Mariette qui venait lui annoncer que le déjeuner se refroidissait sur la table. En même temps la femme de chambre lui glissa mystérieusement un billet qu'il s'empressa de décacheter.

Isaure écrivait à M. de Bougival :

« Vous m'avez mal jugée, monsieur, si vous
» avez cru que je passerais sous silence l'indé-
» licatesse de votre procédé d'hier au soir. Sans
» doute mon peu d'intelligence à comprendre
» vos aveux a pu vous autoriser à manquer au
» respect que tout homme d'honneur doit pro-

» fesser pour une femme qui ne lui a jamais
» fourni les motifs de douter de sa vertu. Je
» regarde comme une injure les discours que
» vous m'avez adressés et dont votre étrange
» conduite me donne aujourd'hui le sens. Mon
» mari, beaucoup plus clairvoyant que je n'ai
» pu l'être, a soupçonné depuis longtemps vos
» projets. Vous devez comprendre alors qu'il
» est impossible que nous habitions plus long-
» temps sous le même toit. Je vous sais beau-
» coup de reconnaissance de votre rôle de si-
» gisbé; mais je regrette de vous le dire : vous
» deviez abuser moins indignement de l'hospi-
» talité d'un ami.
» Isaure. »

— Vive Dieu! s'écria Raoul, ce style émane d'une rusée coquette ou d'une pensionnaire atrocement niaise!... Quoi! ces aveux, qu'elle écoutait sans colère, elle ne les comprenait pas?

— Allons donc! — Ce baiser qu'elle a reçu, sans me repousser, sans me reprocher ma hardiesse, elle le regarde à présent comme une injure ? — Les scrupules de la jeune femme sont un peu tardifs. — Son mari soupçonne mes projets ? Mensonge ! Conrad est un imbécile ; mais il n'est pas un lâche... Il serait venu s'expliquer avec moi : je l'aurai convaincu qu'il était le jouet d'un rêve, le brave garçon !... Bah ! toute cette lettre n'est dictée que par un raffinement de coquetterie !

Ses yeux parcoururent de nouveau les dernières phrases du billet.

— « Elle me sait beaucoup de reconnaissance » de mon rôle de sigisbé. » — Vraiment c'est fort aimable ! Se figure-t-elle que je me dévouais uniquement pour ses beaux yeux ? — « Je de- » vais abuser moins indignement de l'hospita- » lité d'un ami... » — Bravo !... la craintive personne ne veut pas être plus longtemps compromise par ma présence : « Il est impossible » que nous habitions désormais sous le même » toit. » C'est un congé dans les formes !... Mais, si je ne me trompe, et si j'ai bien pesé tous les antécédents de cette intrigue, il ne me sera pas difficile de la mener à terme.

— Ah! ah! poursuivit Raoul, en froissant le malencontreux billet avec une rage qui démentait évidemment toutes les interprétations précédentes, vous nous proposez des énigmes, ma belle dame? nous sommes de force à les deviner, soyez-en sûre... Maintenant, au plus adroit! Je suis trop avancé dans la partie pour retirer mes enjeux, et d'ailleurs je n'ai pas l'habitude de céder à de misérables caprices de femme. Cette lettre a été écrite sous l'influence d'un scrupule de dévote, c'est clair!... On se repentira de me l'avoir envoyée, c'est plus clair encore!... Agissons en conséquence!

Raoul passa dans l'autre pièce et tira bruyamment les rideaux de l'alcôve, sur le matelas de laquelle Frantz se livrait à des ronflements prolongés.

— Debout, ivrogne! s'écria-t-il... Est-ce donc

à l'heure du combat que l'on doit s'abandonner à l'intempérance et à la paresse qui en est la suite ?

— Triple bordage de carêne !... Est-ce que par hasard le navire fait eau, mon lieutenant ? Le feu menace-t-il la soute aux poudres ?... Faut-il courir aux pompes ou virer le cabestan ?

— Rien de tout cela ! dit Raoul avec impatience.

— C'est juste : je me croyais à bord de la *Minerve*... J'attends vos ordres, mon lieutenant.

— Il faut descendre annoncer que je suis malade, très-malade... Tu prieras nos hôtes de m'excuser si je défends ma porte, attendu que j'ai besoin du repos le plus absolu.

— Diable ! fit le matelot en se frottant les yeux et regardant son maître avec une comique surprise.

— Dis-leur qu'hier, en rentrant du spectacle, un refroidissement subit m'a presque fait trouver mal, et que je suis menacé d'une fluxion de poitrine ou d'une foule d'autres maladies plus ou moins mortelles.

— Et vous croyez, mon lieutenant, que je pourrai leur débiter tout cela sans rire? demanda Frantz qui, tout à fait réveillé, voyait que Raoul jouissait d'une santé parfaite.

— Tu leur annonceras cette nouvelle en pleurant, morbleu!... Je l'exige! et j'ai d'excellentes raisons pour te promettre vingt coups de canne, si tu leur laisses le moindre doute sur ma maladie... Je crois m'expliquer assez clairement... et tu dois me comprendre?

— A merveille, mon lieutenant!

— Cette commission terminée, tu m'apporteras, le plus secrètement possible, ce qu'il y aura de mieux dans le restaurant voisin... Je suis amoureux, c'est vrai; mais je n'aime pas la diète.

— Parbleu, je le crois! s'écria Frantz.

Il se jeta promptement en bas du lit et se mit en devoir d'exécuter les ordres de son maître, se gardant bien d'ajouter la moindre observation sur l'impossibilité de faire croire à cette maladie soudaine ; car un vague souvenir de ce qui s'était passé la veille lui faisait interpréter à son désavantage la menace que venait de formuler Raoul.

Il s'empressa donc de se composer une figure de croque-mort analogue à la circonstance; et, contre tout espoir, il joua si bien son personnage, en présence de l'épicier et de sa femme, qu'Isaure, frappée au cœur, se sentit défaillir et que Conrad oublia les griefs qu'il avait contre Raoul, pour ne plus voir qu'un ami en danger.

— Courez chercher un médecin ! dit-il à Mariette.

— Le docteur M... : je n'ai confiance qu'en lui!... N'est-ce pas, Conrad? ajouta madame Belfoy toute frissonnante, et trahissant, en dépit d'elle-même, le secret de son cœur.

— Un médecin ? s'écria le vieux matelot,

craignant sans doute que l'intervention d'un membre de la faculté ne découvrît la ruse et ne compromît sérieusement ses épaules, car la menace de tout à l'heure retentissait encore à ses oreilles, et Raoul pouvait fort bien tenir parole... Un médecin ? mon maître n'en souffre jamais à son bord. Il connaît mieux l'art de guérir que tous vos marsouins de Paris... à preuve qu'il remit sur ses pieds un pauvre diable de mousse de l'équipage, qui s'était brisé les côtes et plusieurs autres membres... Oui, pardieu ! l'animal s'était laissé choir sur le pont, du haut de la grande hune !... Moi-même, sans aller plus loin, j'ai vu mon lieutenant me couper la fièvre jaune, comme avec un rasoir, à la hauteur de Saint-Domingue... Dix minutes après, je faisais mon quart. Insinuez-vous donc bien dans la boule qu'il n'a pas besoin de médecin et qu'il enverra promener à tous les diables le premier qui se présentera !

— Mon Dieu ! dit Mariette en regardant madame Belfoy, ça lui a donc pris bien vite ! Tout à l'heure encore, il m'a lui-même ouvert la porte du second.

— Oui, dit Frantz avec une tristesse admirablement jouée, j'avais trop bu de rhum, hier au soir, et je dormais comme un veau marin qui digère sur le sable... Cette imprudence de se lever n'a fait qu'aggraver le mal... Maudit ivrogne que je suis ! Je n'en boirai plus de huit jours...

— Et vous ferez bien, dit Mariette.

— Je veux dire en aussi grande quantité, car enfin le rhum, c'est notre lait, à nous autres matelots... Bon ! voilà que je me laisse aller à la dérive et que je m'amuse à jaser ici, quand je dois courir une bordée jusqu'à la boutique du pharmacien du coin : mon lieutenant m'a dicté lui-même une ordonnance !

Le vieux matelot s'éloigna promptement, sans même jeter un coup d'œil à la femme de chambre, tant il avait peur de commettre quelque gaucherie.

La ruse du lieutenant de la *Minerve* obtint donc une pleine réussite, et Frantz observa rigoureusement la consigne qu'il avait reçue de ne laisser entrer personne. Deux jours se passèrent, deux jours d'inquiétude pour Conrad qui n'était pas admis auprès du lit de souffrance de Raoul, et deux jours de transes mortelles pour Isaure ; car la pauvre jeune femme se persuadait que la douleur seule avait altéré la santé du lieutenant, et se reprochait comme un crime la lettre qu'elle avait écrite.

Si elle n'eût écouté que son cœur, vingt fois déjà, elle eût été s'agenouiller devant la couche du malade, pour avouer son amour, faire appel à la générosité de Raoul et le prier de n'avoir plus pour elle que la sainte amitié d'un frère.

Cette démarche, si toutefois elle eût été possible sans réveiller des soupçons assoupis, et si Frantz, ce qu'on peut regarder comme présumable, se fût relâché de sa consigne en faveur de madame Belfoy, aurait sans doute fléchi la ténacité du séducteur et lui aurait fait comprendre toute la noblesse du courage d'Isaure, au milieu de cette lutte entre ses devoirs d'épouse et un amour coupable.

Un moment la jeune femme eut la pensée d'écrire une seconde lettre, et c'était le résultat que Raoul attendait de ses arrêts forcés; mais il faudrait verser du baume sur les blessures que la première avait faites; il faudrait rallumer le flambeau d'une espérance éteinte! Si quelques lignes, tracées de sa main, pouvaient donner du bonheur à Raoul et hâter son rétablissement, voudrait-il consentir ensuite à un départ devenu nécessaire ? Ne s'arrogerait-il pas des droits sur elle ? Isaure, en voyant M. de Bougival rendu à la vie par une concession de l'amour, n'aurait-elle pas à craindre de nouvelles attaques dont les plus dangereuses seraient celles de son cœur ?

Pourtant, si Raoul allait mourir ?

Elle ressentait, à cette fatale prévision, d'indicibles angoisses, qui la torturaient d'autant plus cruellement qu'elle était obligée de paraître calme, en présence de son mari.

Pour conserver, aux yeux de Conrad, tout le mérite du sacrifice qu'elle avait accompli, la malheureuse étouffait ses soupirs et laissait retomber ses larmes au fond de son âme. Il y avait des instants où elle se prenait à désirer la mort de celui qu'elle aimait, afin de pouvoir lui élever un mausolée dans son cœur et garder en paix son souvenir. D'autres fois, presque entraînée vers le désespoir, elle maudissait cette chaîne du mariage, rivée à son cou par le Code, et qu'elle ne pouvait rompre sans honte, sans encourir le mépris de tous. Alors la pauvre jeune femme se jetait à deux genoux, implorant le secours d'en haut, qui seul pouvait chasser de son esprit ces funestes pensées. Elle s'accusait d'une odieuse ingratitude envers Conrad, cet homme qui toujours s'était montré si généreux... Elle demandait à Dieu de pouvoir l'aimer.

Puis, lorsque, malgré la candeur et la sincérité de sa prière, l'image de Raoul lui apparaissait encore, au travers du voile de ses larmes, elle se croyait abandonnée du ciel et se livrait à tous les transports de la passion. Ses yeux brillaient d'une flamme étrange; elle s'écriait avec délire :

— Oui, je l'aime!... et qui donc m'empêchera de l'aimer?

Cette crise effrayante devait avoir une issue. Madame Belfoy comptait sur la mort et la demandait avec instance. La pensée qu'elle verrait la fin de ses tortures lui rendit du calme et lui fit verser des larmes moins amères. Elle n'attentera pas à sa vie, car ses croyances religieuses lui défendent le suicide; mais cet amour qu'elle combat avec tous les efforts d'une vertu surhumaine finira par la consumer. Du moins, à sa dernière heure, elle n'aura pas à se reprocher de parjure, et peut-être lui sera-t-il permis d'aimer Raoul au ciel.

Conrad venait d'entrer dans la chambre de sa femme.

Avant la fatale rencontre du lieutenant de la *Minerve* à Cherbourg, c'était une véritable joie pour le brave épicier d'avoir ce qu'il appelait ses entrées franches dans le *museum* d'Isaure.

En effet, cette chambre, espèce de caravansérail artistique, tenait à la fois du boudoir d'une petite maîtresse, de la mansarde d'un virtuose et de l'atelier d'un peintre. Un élégant piano de Pleyel y logeait en compagnie d'une foule de tableaux à demi-terminés. Des cahiers de musique et de fraîches aquarelles étaient dispersés çà et là, sur les fauteuils et sur le tapis, pendant que le chevalet portait orgueilleusement un cachemire et que des fleurs artificielles encombraient les touches du clavier.

C'était dans cet asile, où les rayons de la lumière pénétraient à peine, au travers de sombres rideaux de damas qu'on avait laissé, depuis deux jours, retomber tristement sur les fenêtres, qu'Isaure cachait sa douleur. A l'aspect de Conrad, elle s'empressa d'essuyer ses larmes.

Cette fois, son mari n'entrait pas chez elle en amateur de musique ou de peinture : il venait lui faire part des craintes que lui inspirait la santé de Raoul. Tout entier à ses propres inquiétudes, il ne se doutait pas des pénibles sensations que de pareils entretiens excitaient chez la jeune femme. Il avait accueilli l'élan vertueux d'Isaure, comme une preuve de son innocence, comme une complète certitude que, chez elle, la vertu ne faillirait jamais. En cela, son raisonnement se trouvait juste ; mais il n'avait point analysé le cœur humain pour en découvrir les mystérieux détours et les profondeurs cachées ; il ne savait pas que, dès qu'une fibre tressaille au contact d'un sentiment généreux, une autre fibre saigne et pleure les émotions qui lui sont défendues.

— Si j'en crois Frantz, avec lequel je viens d'avoir une conversation, dit-il avec tristesse, la maladie ne fait qu'empirer... Cependant il faut le guérir, ce pauvre Raoul ! J'ai bien envie de forcer la consigne avec un médecin ?...

— L'amitié vous y autorise ! dit Isaure qui saisit rapidement l'idée de Conrad.

Puis, comme si elle eût craint de se trahir encore, elle ajouta :

— D'ailleurs, c'est un inconcevable caprice de la part de M. de Bougival de s'obstiner à vous fermer sa porte. Pour le monde et pour vous il faut prévenir les conséquences funestes de cette maladie.

— Tu as raison, dit Conrad en prenant son chapeau, je cours chercher le docteur.

Mais au moment de sortir, il s'arrêta frappé de surprise, en voyant Raoul lui-même paraître à la porte du boudoir.

IX

LE DÉPART

Soit que deux jours d'ennuis et de contrariétés eussent en effet rendu le lieutenant malade, soit que la difficulté de monter des vivres sans éveiller des soupçons, lui eût fait endurer une espèce de famine ; soit enfin, chose infiniment plus probable, que la pâleur de ses traits fût produite par un artifice quelconque et n'eût pas plus de réalité que celle d'un acteur sur les planches tragiques, toujours est-il qu'il avait beaucoup de ressemblance avec un spectre échappé du tombeau.

— Est-ce bien toi ? dit Conrad avec terreur, ou n'est-ce que ton ombre ?

— Quelle imprudence ! s'écriait douloureusement la jeune femme.

Elle retrouvait toutes ses angoisses à la vue de cette figure souffrante et de ce beau front courbé sous un mal inconnu, terrible... Ou plutôt ce mal n'était pas un secret pour elle.

Raoul, atteint du trait qu'elle même avait lancé, succombait à la douleur de la perdre. Elle n'ignorait pas combien M. de Bougival avait déjà souffert : ne lui avait-il pas fait un effrayant tableau de l'état de son âme ?... Et pourtant, elle l'avait frappé sans pitié, quand elle savait d'avance qu'il ne supporterait pas ce dernier coup. Madame Belfoy ressentit un profond sentiment de haine pour son mari, qui l'avait en quelque sorte forcée d'écrire une lettre qu'elle jugeait alors infâme. Si la puissance de ses sensations ne l'eût retenue clouée sur son fauteuil, elle se fût précipitée aux genoux de son amant, pour lui demander grâce.

Heureusement, Conrad était trop affligé lui-même, à l'aspect décomposé du lieutenant, pour remarquer l'excès d'affliction d'Isaure et en tirer les conséquences.

Elle tourna vers M. de Bougival ses yeux remplis de terreur, et murmura d'une voix où perçait tout le désespoir de son amour:

— Oh! monsieur, pourquoi descendre dans un pareil état!... Vous voulez donc mourir!

— Ne vous effrayez pas, dit Raoul en tombant épuisé sur un fauteuil; je connais assez de médecine pour avoir la certitude que ma maladie n'aura pas de suites graves... Aussi, lorsque j'ai reçu, ce matin, du ministère de la marine l'injonction de rejoindre ma frégate, je n'ai pas cru devoir tenir compte de mon état de souffrance... On m'a dit que je vous retrouverais ici, mes amis: je viens vous faire mes adieux. Je suis prêt à partir!

Madame Belfoy sentit le froid de la mort lui

saisir le cœur. Sa tête retomba sur sa poitrine. Elle ressemblait à une fleur brisée par l'orage.

— C'est impossible! tu ne partiras pas! s'écria Conrad en s'élançant vers la porte.

Il la ferma rapidement à double tour, et mit la clef dans sa poche ; puis, se rapprochant de Bougival, il lui prit les mains avec émotion.

— Comment, morbleu! tu veux donc me faire passer pour un barbare, pour un homme sans entrailles?... Tu veux qu'on me reproche éternellement d'avoir laissé mourir mon ami d'enfance, mon compagnon de classe, l'homme avec lequel j'ai rompu le pain de l'hospitalité?... Le ministère t'a donné l'ordre de rejoindre, dis-tu? Eh bien! j'irai trouver le ministre! il faudra bien qu'il écoute un officier de la garde nationale... Car tu ne le sais pas encore; mais, hier, c'était le jour des élections, et ma compagnie m'a donné toutes les voix. Hein! douterais-tu de mon influence? Tu verras... Je me charge de te l'obtenir, cette prolongation de congé, dont tu parlais l'autre jour. Puisque c'est chez moi que tu es tombé malade, tu ne te guériras pas ailleurs !

— Merci de ta bonne volonté, merci, Conrad! Mais tu ne changeras rien à la décision du pouvoir : il a besoin de tous ses défenseurs, des marins surtout... Car si l'on se bat contre les Anglais...

— Laisse donc! Le pouvoir est un poltron qui chante parce qu'il a peur... Tu l'as dit toi-même, et personne n'est dupe de ses rodomontades. Je vais, à l'instant, faire révoquer cet ordre ; et, si les ministres me refusent, je leur reproche en face leur couardise, et je m'adresse aux Chambres !

— Mais si je veux partir, moi? dit Raoul d'un ton résolu.

— Si tu veux partir? répondit Conrad, ébranlé... Diable! c'est que tu n'aurais plus la tête à toi; tu serais plus malade que tu ne te le figures toi-même... Si tu veux partir? j'en suis fâché, mon cher, mais tu ne partiras pas !

Le lieutenant de la *Minerve* se redressa de toute sa hauteur, et, d'un geste, montrant Isaure, qui sanglotait, le visage caché dans ses mains, il dit avec amertume :

— Il le faut !

Conrad tressaillit brusquement à l'aspect de cette douleur révélatrice.

— C'est vrai, mon Dieu ! c'est vrai, murmura-t-il.

— Mais toi, que vas-tu devenir? ajouta l'excellent homme, qui luttait entre deux sentiments contraires, le désir de garder chez lui son ami malade, et la crainte, s'il agissait ainsi, de perdre à jamais l'amour de sa femme.

— Je t'ai déjà dit que mon indisposition n'offrait aucun danger. Le voyage et le grand air achèveront de me guérir... Adieu !

Conrad tomba dans les bras de Raoul et lui dit en pleurant :

— Après tout, c'est ma faute... j'aurais dû le prévoir!... C'est bien, ce que tu fais-là, Raoul! Je n'ai pas de rancune, et je te regarderai toujours comme mon ami le plus cher... Adieu donc, puisqu'il le faut.

— Elle aussi est une noble femme! continua-t-il en faisant approcher le pâle lieutenant du fauteuil d'Isaure. Tiens, embrasse-la!... Vous étiez dignes de vous comprendre et d'agir comme vous avez agi tous deux!

Lorsque la jeune femme sentit les lèvres de Raoul se poser sur sa main tremblante, elle poussa un cri déchirant et perdit connaissance.

Bougival eut un instant d'irrésolution; mais Conrad lui tendit la clef du boudoir et lui dit avec une douleur profonde:

— Tu le vois, elle t'aimait!

Madame Belfoy n'était pas encore revenue à elle, que déjà le fiacre, qui emportait le lieutenant de la *Minerve*, avait traversé la place Vendôme et suivait rapidement la ligne des boulevards.

Le vieux matelot, quelques secondes avant cette fuite inattendue, s'était penché à l'oreille de Mariette, qui l'aidait à charger les bagages, et lui avait dit bien bas :

— N'oubliez pas la lettre... Surtout de la discrétion !

La jeune fille avait répondu :

— Soyez tranquille, monsieur Frantz. Au revoir !

Mariette était remontée dans la chambre où venait de se passer la scène des adieux. Elle aida Conrad à délacer Isaure, et courut chercher des sels pour rappeler sa maîtresse à la vie.

Lorsque la jeune femme souleva sa paupière, elle porta des regards inquiets autour d'elle.

— Il est parti ! lui dit Conrad... C'est un loyal camarade. Tu le reverras, Isaure, lorsque tu te sentiras assez de force pour ne plus être que son amie.

Puis il s'éloigna, le bon époux, laissant à ses douloureuses réflexions celle qu'il avait su préserver d'une faute, et pour laquelle il ne trouvait dans son cœur ni blâme ni reproches.

X

UNE LETTRE

— Parti! murmura la jeune femme en joignant les mains... Parti, mon Dieu!... Et c'est moi qui l'ai chassé! C'est moi qui ai voulu cette éternelle séparation!... J'ai fait mon devoir; mais j'ai brisé tout le bonheur de ma vie... Mon Dieu, je l'aime!... pardonnez-moi!

— Madame, dit Mariette en s'approchant, M. Frantz m'a remis cette lettre à votre adresse... Il m'a bien recommandé de ne la donner qu'à vous seule.

Dans son trouble, Isaure n'avait pas remarqué la présence de sa femme de chambre.

Rendue tout à coup au sentiment des convenances, et respectant trop son amour, pour en livrer le secret à la curiosité flétrissante d'une subalterne, elle prit la lettre avec calme, malgré les battements précipités de son sein.

Après avoir congédié Mariette, elle se recueillit un instant en elle-même, comme pour se roidir contre un surcroît de désespoir ou se préparer à un bonheur inespéré.

« Madame, je fuis ces lieux où je risquais
» d'encourir votre haine, où j'étais soupçonné
» de vouloir trahir un ami. Les souffrances que
» j'endurais n'ont pu me décider à vivre un
» jour de plus sous le même toit que votre
» époux... Ce dérangement me sera peut-être
» fatal!... Mais Conrad me croit parti : la paix
» de votre intérieur est désormais assurée !

» Cependant vous avez dû comprendre que
» mon prétendu rappel n'était qu'un prétexte;

» que, malade comme je le suis, il m'était im-
» possible de supporter les fatigues d'un voyage,
» et surtout que je ne pouvais m'éloigner sans
» avoir obtenu votre pardon...

» Ce pardon, madame, je vous le demande à
» genoux!

» Je vous ai fait une mortelle injure : je le
» sens, aujourd'hui que vous m'avez infligé le
» châtiment de ma folle présomption. J'aurais
» dû ne voir en vous que la femme supérieure
» à son sexe... Pourtant, Isaure, je vous révé-
» rais comme une sainte madone, comme un
» ange descendu des cieux, pour calmer mon
» cruel isolement! Quel démon jaloux de mon
» bonheur a pu me pousser à cet acte d'incon-
» cevable folie, qui m'a fait perdre votre es-
» time, qui a ruiné d'un seul coup mes espé-
» rances ?

» Et quelles étaient mes espérances?... Un
» regard que vous auriez laissé tomber sur moi,
» comme la rosée du ciel tombe sur la plaine

» aride; un sourire de vos lèvres, une de ces
» douces paroles, que trouve toujours une
» femme pour calmer les orages du cœur.

» Isaure, me poursuivrez-vous plus long-
» temps de votre colère? me faudra-t-il renon-
» cer à vous? Songez qu'en me condamnant à
» ne plus vous voir, c'est me condamner à
» mourir!

» Mais vous croirez à la promesse que je vous
» fais ici, devant Dieu, de vous aimer comme
» vous méritez de l'être... Isaure, soyez ma
» sœur! venez adoucir, par votre présence, le
» mal qui me consumerait loin de vous. Seul,
» je saurai que vous êtes assez bonne pour m'ac-
» corder mon pardon, pour me consoler du
» malheur de vous avoir déplu...

» Qu'importe au reste du monde qu'un ange
» vienne abriter de ses ailes mon lit de dou-
» leur? Le monde verrait un crime dans cette
» douce amitié de frère que j'aurai pour
» vous; il ne comprendrait pas votre sublime

» dévouement ; il flétrirait nos joies les plus
» pures...

» Isaure, ma sœur, venez !... je vous attends !

» Raoul. »

— J'irai ! s'écria la jeune femme en pressant cette lettre sur ses lèvres et sur son cœur. Merci, mon Dieu, puisque vous m'avez choisie pour l'arracher à la mort.

Le lendemain, tandis que son mari vaquait à ses affaires, elle s'enveloppa d'un long châle, cacha son visage sous un voile et se dirigea vers le faubourg Saint-Denis.

XI

FAUX PAS

Raoul s'était réfugié dans la maison de santé du docteur Dubois.

Pour ceux de nos lecteurs qui n'auraient pas une idée bien nette de ce genre d'établissements, nous dirons qu'une maison de santé tient à la fois d'un hospice et d'une prison, du lazaret de Marseille et d'un hôtel garni : c'est-à-dire que jamais population plus hétérogène ne s'est vue réunie dans un espace plus étroit. On y trouve sans doute quelques malades (c'est de rigueur, afin de justifier l'inscription gravée au-dessus de la porte d'entrée) et tous les pensionnaires sont naturellement classés dans cette catégorie, même ceux qui ont eu de graves démêlés avec la cour d'assises, et qui, très-sains au physique, ont su pourtant se faire délivrer, à prix d'or, un certificat de maladie. Grâce à plusieurs certificats de cette nature, la maison de santé peut devenir une succursale de la Force ou une annexe du bagne. Toujours sous la dénomination de malades, on y trouve également bon nombre d'écrivains politiques, mis en quarantaine, afin de les empêcher de communiquer aux masses la contagion de leurs idées ; pas mal de vieilles femmes, de petits rentiers, d'individus de tout âge et de toutes conditions, lesquels par économie, par amour de la retraite, ou guidés par une foule de sentiments plus ou moins honorables, sont venus là chercher un refuge.

Car la maison de santé donne le logement et la nourriture à tout prix.

Cependant, comme celle du docteur Dubois se trouve située dans l'intérieur de la capitale, et que les directeurs ont cru devoir adopter un règlement sévère, elle se débarrasse, petit à petit, de ses éléments hétérogènes, et finira par se réduire à son élément primitif, les vrais malades.

Un banqueroutier se plaindra du potage ; un faussaire, de son matelas ; une vielle femme, du catarrhe de sa voisine ou du peu d'étendue du jardin. Les nerfs délicats d'un journaliste, ou ceux d'un fabricant de libelles à la toise, seront désagréablement affectés de certaines exhalaisons culinaires, tant soit peu mélangées de miasmes pharmaceutiques. Tous se dirigeront alors vers les maisons mieux aérées et plus confortables d'Auteuil ou de Passy, les uns en ne consultant que leur libre arbitre, les autres autorisés à cette mutation par un arrêté du conseil royal des prisons.

En attendant, Raoul et son domestique vinrent nuancer d'une nouvelle bigarrure le personnel de l'établissement.

C'était vers ce bazar, où se trouvaient pêle-mêle de repoussantes infirmités physiques et de plus repoussantes infirmités morales, que madame Belfoy dirigeait ses pas, après s'être échappée furtivement du domicile conjugal.

Tout entière aux impressions diverses qui luttaient dans son âme, Isaure foulait de ses petits pieds l'asphalte du boulevard, sans écouter les mille bruits de la multitude qui bourdonnaient à ses oreilles, sans remarquer qu'elle était suivie par ces intrépides coureurs d'aventures, prétentieux personnages, qui se figurent qu'une femme doit être incontinent séduite par leurs moustaches exorbitantes et leur canne à pomme d'or; désœuvrés absurdes, flâneurs importuns, sans cesse à la recherche de conquêtes faciles; roués au langage impunément cynique, qui poursuivent la pudeur isolée de leurs déclarations en plein air et de leurs propos obscènes.

Si nous n'avions pas le bonheur de vivre sous ce bienfaisant régime de liberté, qui permet à chacun d'attenter à celle des autres, pourvu que ce ne soit pas un cas prévu par le code ; si nous étions gouvernés par un bon despotisme quelconque, ne pourrait-on proposer au pouvoir de rétablir les lettres de cachet en faveur de ces petits messieurs, de ces séducteurs de grand chemin? Serait-il donc trop injuste de les embastiller pour six mois, afin de leur faire subir un cours de morale qui leur enseignât à distinguer la femme honnête de la grisette, l'épouse vertueuse, la mère de famille, de la prostituée?... Beaucoup de bons citoyens espèrent que les forts, détachés ou non, pourront servir à cet usage, attendu qu'ils nous ramèneront infailliblement le despotisme. Il faut pardonner, surtout aux maris, cette idée liberticide, car c'est véritablement une chose odieuse de songer qu'une femme ne peut se hasarder seule, au travers de la capitale du monde civilisé, sans recueillir, à chaque pas, l'insulte sur son passage. Cette tyrannie du plus fort sur le plus faible est tellement passée dans nos mœurs, que la police elle-même la trouve parfaitement naturelle. Un jour, nous avons vu sourire un sergent de ville, comme un véritable Lovelace amateur, à l'aspect d'une pauvre jeune ouvrière, trottillant rouge et confuse, et réduite aux abois par le rugissement amoureux d'un *lion* qui, depuis une heure, était à sa poursuite.

Quant à Isaure, elle n'entendait rien : le monde n'existait plus pour elle. Cette démarche hardie de quitter le toit conjugal pour aller visiter un amant, elle n'en prévoyait pas les conséquences presque inévitables. Une seule pensée faisait battre son cœur!... Une seule crainte l'agitait; et cette crainte, la lettre du lieutenant l'avait fait naître :

« Ce dérangement, avait-il écrit, me sera
» peut-être fatal. »

— Juste ciel! se disait la jeune femme au

désespoir, si j'arrivais trop tard!... S'il ne pouvait plus me reconnaître!...

Un corbillard stationnait devant la maison royale de santé; le mur de façade était tendu de draperies noires, et, dans l'enfoncement de la porte cochère, des cierges brûlaient autour d'un cercueil.

Isaure sentit ses genoux ployer sous elle; une sueur glacée couvrit son beau visage; et sans doute elle allait succomber au terrible pressentiment qui lui serrait le cœur, lorsque Frantz, qui se tenait en faction dans les alentours, courut à elle et la soutint dans ses bras.

Le vieux matelot avait deviné facilement la crainte qui s'était emparée de l'esprit d'Isaure.

— Tudieu! ma petite dame, s'écria-t-il, on n'enterre pas un homme du jour au lendemain! Quand le corps du bâtiment est neuf, la quille en bon état et la mâture solide, il peut affronter bien des tempêtes sans couler à fond. Je vous jure que mon lieutenant n'a pas la moindre envie d'aborder dans l'autre monde... Ce n'est qu'une bourrasque... Vos yeux sont assez jolis pour ramener le calme, et nous aurons ensuite vent et marée!

Frantz, en parlant de la sorte, avait fait entrer la jeune femme et la guidait vers un pavillon d'une architecture assez gracieuse, complétement isolé des autres corps de logis, et où l'on installait les malades de distinction, c'est-à-dire ceux qui payaient dix francs par jour. De hauts platanes et des sycomores touffus entouraient cet asile d'un épais rideau de verdure, et dérobaient, aux yeux des pensionnaires privilégiés, la nudité désespérante des bâtiments voisins. Le riche, attaqué d'un mal incurable, au lieu de traîner, comme le pauvre, ses pas chancelants dans un corridor obscur, pouvait, grâce à ses dix francs, se promener à l'ombre d'une avenue de tilleuls, respirer la douce odeur des orangers, ou contempler, d'un œil morne et languissant, les dahlias du parterre... jusqu'à l'heure où riche et pauvre devaient avoir la même habitation et se trouver renfermés dans un espace également étroit... le cercueil!... Dans ce même pavillon, sous ces mêmes platanes et ces mêmes sycomores, le condamné pour faillite frauduleuse menait joyeuse vie, dévorait une dinde aux truffes et frappait du champagne, le tout en sus de ses dix francs, tandis que la loi renfermait des hommes moins coupables que lui dans des cellules infectes, leur donnait du pain noir pour nourriture, de l'eau pour boisson. Le gérant d'un journal (avec beaucoup plus de légalité) fumait des cigares et recevait sa maîtresse; et, dans le voisinage du gérant, le libelliste terminait une brochure incendiaire, dont le produit devait servir à payer sa pension.

Après avoir franchi le vestibule et monté le premier étage, Isaure fut introduite par Frantz, lequel se retira discrètement dans une chambre à tapisserie bleue, dont la fenêtre entr'ouverte laissait voir, à quelque distance, derrière le feuillage des sycomores, la tour massive de l'église Saint-Laurent.

La pensée de la jeune femme fut une pensée religieuse. Elle prit Dieu à témoin de la pureté de ses intentions et de la candeur de sa démarche; puis elle s'approcha palpitante du lit de Raoul.

Le lieutenant de la *Minerve* ne dormait pas : il attendait sa belle visiteuse; car, s'il doutait encore de l'amour d'Isaure, lorsqu'il était descendu, le jour précédent, pour lui faire des adieux *éternels*, l'émotion de la femme de Conrad et son évanouissement lui en avaient trop appris pour qu'il pût douter une seule minute qu'elle refuserait de se rendre à sa prière.

— C'est vous, Isaure! c'est bien vous! s'écria-t-il en couvrant de baisers la jolie main blanche qui venait d'écarter ses rideaux. Merci, oh! merci du bonheur que vous m'apportez!... Isaure, ma sœur, te voilà près de moi?... Ah! dis que tu me pardonnes; dis-moi que cette lettre n'était pas de toi; qu'un mari jaloux te l'avait dictée?... Isaure, tu ne sais pas tout ce que cette lettre m'a fait souffrir...

— Raoul, mon frère, répondit la jeune femme, vous m'avez appelée, je suis venue avec confiance... Vous ne m'en ferez pas repentir, n'est-ce pas, Raoul?

Il la considéra longtemps en silence : elle était si belle! la rapidité de sa marche avait coloré vivement ses joues, et ses yeux brillaient d'un éclat qu'il ne leur avait jamais connu.

— Mais cette lettre, dit-il enfin, cette lettre dont la barbarie sans exemple m'a déchiré le cœur... dois-je croire qu'elle me soit venue directement de vous, Isaure?

— La circonstance me forçait à vous l'écrire, répondit-elle en voilant son regard troublé sous les cils de sa paupière.

— Je m'en doutais : ces lignes ont été dictées par le despotisme d'un époux!... s'écria Raoul. Votre âme d'ange n'aurait jamais eu la pensée de me faire souffrir une pareille torture... Isaure, ne vous avais-je donc pas montré combien j'étais à plaindre?

Elle releva les yeux et murmura d'une voix frissonnant d'émotion :

— Qui vous dit que je n'aie pas été aussi malheureuse que vous, Raoul ?

— C'est impossible, répondit le lieutenant de la *Minerve*, en dissimulant la joie qu'il ressentait à ces paroles. Cependant, puisque vous avez entendu mon appel et que vous me prouvez aujourd'hui votre repentir... je vous pardonne, Isaure !

Ce pardon qu'il accordait à son tour, après avoir sollicité celui de madame Belfoy, montrait l'adresse du séducteur et le calme qui présidait à ses discours, pourtant si passionnés en apparence. La jeune femme n'était pas assez maîtresse d'elle-même et possédait trop peu d'expérience pour apercevoir la trame qui s'ourdissait dans l'ombre autour de sa vertu.

Raoul prit, sous son chevet, un papier qu'il tendit à Isaure.

— La voilà, cette lettre! dit-il avec amertume : je vous la rends, madame, car je succombe à chaque instant à la tentation de la relire, et je veux oublier le mal qu'elle m'a fait.

D'un geste rapide, Isaure la mit en pièces. Mais envisageant tout à coup les conséquences que Raoul pouvait tirer de cette action :

— Monsieur de Bougival, lui dit-elle, jetons sur le passé le voile de l'oubli. La démarche que je fais près de vous serait coupable, si vous ne m'aviez pas donné le droit de compter sur votre honneur... J'ai votre promesse, et je suis sans crainte.

— Hélas! Isaure, il me faudra donc renoncer à ton amour?... Si tu me demandais vingt années de ma vie, tout mon sang, le sacrifice serait trop doux : je l'accomplirais avec délices... Mais te perdre à jamais! te sentir dans les bras d'un autre ; savoir que ces caresses que tu me refuses, tu les lui accordes à lui !... Enfer ! Oh ! tu ne sais pas que j'ai eu envie de le tuer, cet homme, parce que j'étais en droit de lui demander un compte sanglant de toutes les joies qu'il m'enlève.

— Raoul! s'écria la tremblante Isaure, vous avez le délire.... Vous oubliez que Conrad est votre ami !

— Mon ami... c'est vrai ! dit le malade avec accablement. Perfide amitié, qui m'a conduit près d'un abîme, dont elle m'avait caché le bord sous des fleurs et qui m'y a précipité, en insultant à ma chute par une pitié moqueuse! Votre époux, madame, a préparé froidement mon malheur et le vôtre. Est-ce donc moi qui ai provoqué le dangereux rapprochement de deux êtres faits pour se comprendre et s'unir par l'attrait irrésistible d'une égale sympathie ? Ai-je prié l'homme que vous appelez mon ami de faire retentir continuellement votre éloge à mes oreilles, de me dévoiler tous les trésors de votre âme, toutes les précieuses qualités de votre cœur?... Il m'a montré les cieux pour me rendre ensuite à toutes les horreurs du néant! Mais je n'accepte pas les atroces conséquences de ce despotisme conjugal. Conrad l'a voulu, je vous aime!... je vous aime, et vous serez à moi! Je vous avais promis une chose au-dessus des forces de l'homme, en vous jurant que je n'aurais pour vous que l'affection d'un frère. Votre présence réveille en moi ce feu dévorant de la passion que je croyais pouvoir éteindre... Isaure! Isaure! je t'aime!

— Ah! s'écria-t-elle en se dégageant, par un effort surhumain, de l'étreinte énergique avec laquelle Raoul voulait l'enlacer, vous n'avez jamais été malade!... vous m'avez indignement trompée!

Presque morte de frayeur, la jeune femme avait couru du coté de la fenêtre entr'ouverte, comme si elle eût voulu montrer au lieutenant que de nouvelles tentatives la pousseraient à un acte de désespoir.

Elle voyait clairement alors qu'elle était tombée dans un piége ; et cette révélation soudaine de la perfidie hypocrite de Raoul lui fit un mal affreux. Il s'était parjuré sans honte pour commander la confiance à celle qu'il voulait amener à ses fins coupables et lui dérober les embûches qu'il avait semées sous ses pas. Le spectre du désespoir se dressa devant l'imagination bouleversée d'Isaure. Elle s'effraya de l'inconséquence inouïe de sa démarche, et vit que M. de Bougival, en trompant son cœur, venait de la placer face à face avec l'adultère. Elle voulut fuir et fit un mouvement pour s'élancer vers la porte ; mais ses genoux se dérobèrent sous elle, et un cri d'angoisse s'échappa de sa poitrine.

Comme la biche forcée par une meute ardente, et qui voit le chasseur prêt à l'atteindre et à sonner l'hallali victorieux, la pauvre

Isaure s'affaissa sur elle-même, éperdue de son impuissance, et suppliant du regard celui qui venait de la réduire à cette extrémité douloureuse.

Raoul comprit qu'il avait été trop loin. Cet effroi d'Isaure n'était que trop réel : donc il s'exposait à perdre, en un seul instant, tout le fruit de son habile système de séduction.

— Isaure, vous disiez vrai, reprit-il avec un soupir : la fièvre brûle mon sang... Je vous ai fait peur en vous tenant des discours insensés... Ma sœur, ma douce Isaure ! n'aurez-vous donc pas compassion d'un pauvre malade, qui s'est cru guéri tout à coup par votre présence, et qui ne s'éveille de son délire que pour être rendu, en même temps, à la raison et au regret d'avoir excité votre colère ?

— Mon Dieu ! ne me trompe-t-il pas encore ? dit la jeune femme en levant au ciel ses grands yeux tout baignés de pleurs.

— Non, je ne vous trompe pas, Isaure, répondit Raoul : peut-être en aurez-vous bientôt la triste certitude!... Mais vous ne voulez pas comprendre qu'un amour comme le mien ne peut s'éteindre qu'après une lutte violente.

— Oh! je le comprends, Raoul! s'écria-t-elle, entraînée par le sentiment impérieux qui la dominait elle-même. Croyez-vous donc que je ne souffre pas, moi?

Elle s'était rapprochée du lit, et ses deux mains étaient dans celle du malade.

— Tu m'aimes?... dit Raoul, dont les yeux brillèrent de tout l'espoir qu'il retrouvait dans les dernières paroles d'Isaure.

— Oui, je t'aime! répondit-elle avec un ineffable accent de tendresse. Eh! serais-je donc ici, mon Dieu, si je ne t'aimais pas?... Écoute-moi, Raoul, mon ami, mon frère! Je t'aime, et je ne crains pas de t'en faire l'aveu, car je te crois noble et bon!... Mais je veux rester vertueuse, Raoul!... je ne serai point parjure aux serments que j'ai faits à un autre avant de te connaître;

je ne traînerai pas le nom de mon mari dans la fange du déshonneur. Tu m'as priée de venir te voir, je suis venue!... A mon tour, je te fais une prière : me refuseras-tu ce que je vais te demander ?

En disant ces mots, elle s'était agenouillée, et Raoul sentait des larmes brûlantes couler sur ses mains.

Entraîné par l'admiration que lui inspirait ce triomphe de la vertu sur l'amour, et peut-être honteux de la ruse indigne qui mettait Isaure à ses pieds, il promit de se rendre au désir qu'elle allait lui exprimer.

— Je ne me trompais donc pas : tu es noble et bon, s'écria la jeune femme en se relevant et pressant à son tour avec enthousiasme la main de Raoul. Mon ami, défions-nous de nous-mêmes... Il ne faut pas que vous puissiez me mépriser un jour; il ne faut pas que votre souvenir soit flétri dans mon cœur par le voisinage impur du remords!... Chaque matin, je serai près de vous; mais que des témoins assistent à ces entrevues! Pour eux, je ne serai qu'une sœur, dont le dévouement veillera sur la santé d'un frère chéri... Vous me le promettez, Raoul?

— Je vous le promets, répondit-il en soupirant.

— A demain donc, mon frère, dit Isaure.

Puis elle présenta d'elle-même son front pur aux lèvres du jeune lieutenant.

XII

CHANGEMENT D'AVIS

A son retour chez elle, Isaure trouva sa femme de chambre qui l'aborda d'un air effaré.

— Mon Dieu, madame, pourquoi ne m'avez-vous pas averties, ce matin, que vous étiez dans l'intention de sortir?... Monsieur s'est presque douté de votre absence. Lorsqu'il m'a questionnée, je me suis tirée d'affaire par un mensonge : j'ai répondu que vous aviez une migraine effroyable et qu'il vous fallait le repos le plus absolu... Fort heureusement, il n'a pas insisté pour entrer... car je ne pouvais pas lui dire que vous étiez allée rendre visite à M. de Bougival... puisqu'il le croit parti.

— Mais, dit Isaure accablée, comment avez-vous pu savoir?...

— Par M. Frantz, répondit la Lyonnaise, en prenant un air mystérieux qui désola la jeune femme... Il n'a rien de caché pour moi, M. Frantz!... Mais soyez tranquille, madame : on ne m'a jamais reproché d'être indiscrète!... cependant je ne puis pas donner tous les jours la même excuse à monsieur... Désormais, il faudra nous entendre : c'est beaucoup plus simple!

— Voilà donc où mon imprudence m'a conduite! s'écria madame Belfoy qui tomba sur un siége en fondant en larmes.

La femme de chambre émue s'approcha de sa maîtresse; mais les consolations qu'elle s'efforça de lui prodiguer ne firent qu'accroître le désespoir d'Isaure.

Pouvait-elle essayer une justification vis-à-vis de cette fille, aux yeux de laquelle, sans nul doute, sa conduite paraissait coupable, et qui venait de la frapper au cœur avec tout le cynisme de l'indélicatesse et de l'ignorance ? Mariette croira-t-elle à ses protestations ? Ne sera-t-il pas impossible de lui faire comprendre que son amour est pur, malgré les apparences qui la condamnent et l'impérieuse nécessité de dérober à son mari le secret des visites qu'elle rend à M. de Bougival ?

Ainsi donc cette sainte et fraternelle affection qui ne devait être connue que des anges, la voilà flétrie par la curiosité d'une domestique et l'offre de son grossier dévoûment. La femme de chambre se disposait à favoriser l'inconduite supposée de sa maîtresse, sauf à tenir ensuite madame Belfoy courbée sous le joug humiliant de la crainte et la menace d'une révélation terrible.

Mais la jeune Lyonnaise avait des sentiments

beaucoup plus nobles que ceux qu'Isaure lui attribuait dans sa terreur. Devinant ce qui se passait dans l'âme de sa maîtresse, elle s'agenouilla devant elle et tira de sa poitrine une croix d'argent :

— Cette croix me vient de ma mère : elle est doublement sacrée pour moi, madame !... Eh bien, je vous jure, par les cendres de ma mère et le signe du salut, que vous n'aurez jamais à vous plaindre de mon indiscrétion !

Les larmes de Mariette attestaient la sincérité de ses paroles. Isaure ne vit plus, en cette jeune fille, qu'une amie digne de sa confiance ; et, cédant à l'impulsion de son cœur, elle lui ouvrit les bras.

— Je veux que tu me plaignes, mon enfant, lui dit la pauvre femme, au milieu de ses sanglots : mais non que tu me méprises... J'aime M. de Bougival, c'est vrai ! ma présence, qu'il réclamait à grands cris, pouvait contribuer à le guérir... Mais il n'obtiendra jamais de moi que ce qu'il obtiendrait d'une sœur.

— Oh! je vous crois, madame! répondit Mariette. Après cela, les hommes sont si jaloux et le monde est si méchant!... C'est pourquoi je vous disais tout à l'heure qu'il fallait nous entendre, pour empêcher M. Belfoy de s'apercevoir de vos sorties du matin... D'un autre côté, vous pouvez bien être sans crainte au sujet de M. Frantz... il sera bientôt mon mari, et, s'il bavardait jamais, je lui arracherais les yeux.

Entièrement rassurée sur le caractère de Mariette et la loyauté de son dévoûment, Isaure alla le lendemain rendre au malade une seconde visite.

Le lieutenant de la *Minerve* avait tenu parole, en faisant des avances polies à une vieille dame, sa voisine, qui s'intitulait comtesse de Saint-Maxens, et à son fils, grand jeune homme blond, tout frais échappé du collége, lequel se livrait à l'innocent et classique plaisir de fabri-

quer des vers latins sur l'ombrage des forêts e
le parfum des fleurs.

Ce moderne Tityre avait nom Lucien. Il passait invariablement ses journées à tourmenter les feuillets de son *Gradus ad Parnassum*, à débiter à madame sa mère ses élucubrations poétiques, ou à se promener romantiquement sous les platanes du jardin, en compagnie de Virgile et d'Ovide.

Cependant, à l'arrivée de Frantz, Lucien fit au chantre des Bucoliques et à l'auteur des Métamorphoses, la grave injure de leur préférer les narrations pittoresques du vieux matelot. Celui-ci, qui s'ennuyait passablement du séjour de la maison de santé, s'empara de l'auditeur bénévole qui se présentait, et lui fit, sous le spécieux prétexte de lui raconter ses impressions de voyage, les contes les plus saugrenus et les plus invraisemblables, sans que jamais Lucien se permît de mettre en doute une seule des circonstances du récit.

Par exemple, il tomba dans un état voisin de l'extase lorsque le marin hâbleur lui affirma qu'un jour il s'était élancé sur le dos d'une baleine, laquelle se trouva fort à propos dans le voisinage du navire, au moment où le capitaine venait de laisser tomber dans les flots sa tabatière d'or. Lui, Frantz, se cramponnant aux nageoires de l'énorme poisson, 'avait forcé, en le harponnant avec son couteau, de plonger jusqu'au fond de l'Océan, d'où, cinq minutes après, il rapportait triomphant la tabatière du capitaine.

Lucien le pria de raconter ce trait de hardiesse en présence de sa mère, qui s'en émerveilla jusqu'à l'enthousiasme et conseilla gravement à son fils de profiter, autant qu'il serait en son pouvoir, de la conversation instructive du vieux matelot.

Par conséquent, ce fut Frantz que Raoul chargea, le surlendemain de son installation chez le docteur Dubois, d'inviter à déjeuner madame de Saint-Maxens et Lucien. Tous deux comprirent à merveille qu'ils ne dérogeaient pas, en répondant à la politesse de Raoul de Bougival.

A l'arrivée d'Isaure, le lieutenant qui éprouvait un mieux sensible, mais qui se trouvait encore très-faible, fit l'effort de se lever de son siége, pour présenter sa sœur à sa nouvelle société.

La vieille comtesse, au bout de huit jours, avait déjà raconté vingt fois qu'elle avait joui, sous la Restauration, d'une immense fortune, engloutie plus tard, grâce à son époux, dans le gouffre de la Bourse, et qu'elle attendait impatiemment l'héritage d'un de ses frères, opulent rentier de Passy, pour reprendre son rang et pousser Lucien dans le monde.

Puis, quand sa mère avait bien maudit la mémoire du feu comte et déclamé, de toute la force de ses poumons, contre l'agiotage, le blond Lucien prenait la parole à son tour, et demandait, en baissant les yeux, la permission de lire une églogue, dans laquelle il transformait Isaure en bergère et lui-même en jeune et timide pasteur, n'osant déclarer sa flamme et roucoulant ses chagrins à l'ombre d'un hêtre, *sub tegmine fagi*... le tout en spondées parfaits et en dactyles irréprochables.

On doit comprendre combien ce genre de vie déplaisait à Raoul. En vain les regards d'Isaure cherchaient les siens avec confiance et bonheur; en vain, abrités tous deux sous le manteau de l'amitié fraternelle, ils échangeaient ces douces caresses qui n'effarouchent même pas la morale la plus austère. Le lieutenant se reprochait comme une faiblesse la condescendance qu'il avait montrée pour les appréhensions de la jeune femme. A force d'entasser paradoxe sur paradoxe, il en vint à se persuader que la conduite d'Isaure n'était qu'un nouveau raffinement de coquetterie et qu'elle n'avait agi de la sorte que pour donner plus de prix à sa défaite.

Fort de cette sublime découverte, il résolut de se débarrasser du radotage anti-spéculateur de la comtesse et des idylles sentimentales de Lucien.

Un soir qu'il se promenait de long en large dans sa chambre, habitude de bête fauve qu'il avait prise pour remédier au défaut d'exercice que lui imposait sa feinte maladie, il s'arrêta tout à coup en se frappant le front, et s'écria :

— Pas plus tard que demain, Isaure sera ma maîtresse, ou je sors d'ici... C'est à n'y pas tenir !

— Et vous avez bien raison, mon lieutenant, dit le vieux matelot qui venait d'ouvrir la porte de la chambre et qui tournait en tous sens, entre ses doigts, les bords de son chapeau, comme s'il n'eût su de quelle manière entamer une importante communication... Fi du calme plat! A votre âge, j'aurais comme vous préféré la tempête... Mais, aujourd'hui que j'ai cinquante ans...

— Va, de ce pas, interrompit Raoul, prier madame de Saint-Maxens d'agréer mes excuses : je ne pourrai recevoir demain, ni elle ni son fils...

— J'ai cinquante ans... et j'étais mousse à dix! Un fameux bail, n'est-ce pas, mon lieutenant?... Grimper aux cordages, hisser les voiles, enrager du scorbut, ne voir que le ciel et l'eau!... et si vous aviez envie de rire une minute, après tant de fatigues, pas le moindre petit minois passable à bord!

— Où diable en veux-tu venir? s'écria Raoul impatienté. N'as-tu pas compris la commission dont je viens de te charger pour la comtesse!

— Pardonnez-moi, mon lieutenant : je voulais seulement vous dire... Vous ne savez pas comme ça me fait de la peine!

Raoul vit deux grosses larmes rouler dans les yeux de son fidèle domestique et descendre lentement sur ses joues ridées.

— Frantz, lui dit-il tout ému, t'aurais-je donné quelque sujet de chagrin ?

— Au contraire, mon lieutenant! Mais, voyez-vous, c'est plus fort que moi... Quand on a vogué sous un pavillon, c'est dur de le voir filer sans vous, pendant que vous restez sur le rivage comme une huître !... Ça crève toujours le cœur à un vieux loup de mer, comme vous m'appelez quelquefois.

— Ainsi, tu veux me quitter? demanda Raoul.

— Pas moi, mille tonnerres!... C'est elle!

— Ah! ah! je commence à comprendre.

— Dame, vous m'avez dit : fume des cigares et fais la cour à Mariette! J'ai bien fumé des cigares, sans inconvénient, à preuve que votre caisse est vide... Mais, en faisant l'amour, je me suis coulé, mon lieutenant! Mariette me traîne à la remorque, ni plus ni moins que si j'étais un navire avarié... Avec cela qu'elle est un peu plus ragoûtante que les négresses !

— Ah ça ! tu l'as donc revue, depuis notre départ de la maison de Conrad ?

— Tous les soirs, mon lieutenant... au Palais-Royal. Elle dit qu'elle m'a trouvé une excellente place sur le bateau à vapeur de Corbeil, et nous nous marions dans huit jours... Me voilà marin d'eau douce !... Cré nom ! est-ce que vous me pardonnerez jamais cela, mon lieutenant ?

— Je te blâmerais, mon vieux serviteur, dit Raoul, si tu laissais échapper l'occasio de te reposer de tes longues fatigues. Pour te prouver que je ne te garde pas rancune, je t'engage à choisir un joli trousseau pour ta femme : tu me feras présenter la note, je l'acquitterai.

— Vous serez amiral de France, c'est moi qui vous le prédis, mon lieutenant, s'écria le vieux matelot dans le transport de sa joie. Mes vœux accompagneront la *Minerve* dans ses excursions... Que la guerre soit déclarée demain ! c'est ce que je puis vous souhaiter de mieux... et gare aux Anglais !

— J'accepte le présage, dit Raoul en riant. Mais va toujours avertir la comtesse : j'ai d'autres combats à soutenir, avant de livrer bataille sur mer.

Frantz alla s'acquitter de la commission de son maître ; puis il se dirigea vers le jardin du Palais-Royal, où sa future l'attendait.

Le vieux matelot s'était réellement amouraché de la jeune Lyonnaise : nouvelle preuve que cet écervelé moutard, qu'on appelle l'amour, ne respecte pas même les cheveux blancs ! Frantz n'avait qu'un scrupule, c'est qu'il se trouvait à la tête de très-peu d'économies et ne pouvait guère apporter dans le ménage qu'un fonds d'inépuisable gaieté. Donc il fut tout joyeux lorsque Raoul annonça qu'il se chargeait du trousseau de Mariette. Mais cette générosité, réveillant dans sa mémoire le souvenir des bontés que son maître avait toujours eues pour lui,

Frantz, contre sa coutume, se livra, chemin faisant, à de pénibles réflexions. Ne quittait-il pas à la fois la *Minerve* et son lieutenant pour les beaux yeux d'une femme de chambre?... C'était mal! tous les matins, ses vieux camarades l'accuseront d'ingratitude.

— Cré mille sabords! s'écriait le pauvre Frantz, ils diront même que je suis un lâche, si, par malheur, on vient à se battre sans moi!... Comment, je ne serais pas là pour cracher, comme eux, sur les habits rouges quelques bordées de mitraille?... Cent mille avirons! je déserterais le ménage, alors... la femme, les enfants, le diable!... Oh! oh! par hasard... est-ce que j'en aurais de ces petits marsouins d'enfants?... Eh! pourquoi pas? Elle est bien capable de m'en faire, ajouta-t-il en souriant, car il arrivait au terme de sa course et voyait Mariette accourir à sa rencontre. Allons, amène et cargue! Voilà qui me réconcilie avec le mariage... Pardine, j'en ferai des mousses de mes bambins!

Mais Frantz allait être soumis à de nouvelles et terribles épreuves.

En consentant à se marier avec lui, la femme de chambre cédait aux conseils de la sagesse, chose bien rare chez les jeunes filles. Ses vingt ans qu'elle sacrifiait au vieux matelot, avec les soupirs des commis de Conrad et les déclarations d'un superbe sergent, la rendaient exigeante. Après quelques tours d'allées, elle dit à Frantz au milieu d'une petite moue despotique :

— D'abord, j'entends et je prétends être la maîtresse.

— Vous tiendrez le porte-voix, ma sirène, et je manœuvrerai sous vos ordres.

— Il faut me jurer que vous ne boirez jamais de rhum, sans que je vous le permette... et je ne vous le permettrai pas souvent.

Le matelot fronça le sourcil. Les prétentions de sa future lui semblaient légèrement exagérées.

— Ah! mon Dieu c'est à prendre ou à laisser! dit Mariette d'un air extrêmement résolu... Vous étiez gentil, n'est-ce pas, l'autre jour? Si pareille chose se renouvelait après le mariage, je vous souffletterais, bien sûr !

— Par les bonnettes de la misaine et la vergue de perroquet, ne vous avisez jamais de cela, Mariette!

— Dame, promettez-moi, de ne plus boire de rhum, alors.

— Je vous le promets, dit Frantz en poussant un énorme soupir.

— Me voilà tranquille, à présent. Vous ne manquerez pas à votre promesse ; car vous êtes un homme d'honneur, monsieur Frantz ; et c'est pour cela que je vous épouse, au moins! J'aurais trouvé cent maris mieux tournés que vous... Voyons, ne vous fâchez pas !... Nous allons quai de la Grève, où nous verrons mon cousin, celui qui vous procure une place sur le bateau de Corbeil, vous savez ?

— Je sais, mille gaffes, que je n'aime pas les cousins ! répondit Frantz qui n'était plus de très-belle humeur.

— Voulez-vous bien vous taire, gros jaloux ! Le cousin dont je vous parle a près de soixante ans, et Dieu sait qu'il est encore plus laid que vous.

— C'est différent... Je m'apprêtais à le faire chavirer la quille en l'air.

Ils atteignirent ainsi le quai de la Grève, moitié riant, moitié se querellant.

Mais lorsque le cousin de Mariette eut expliqué à Frantz de quelle nature était l'emploi qu'il lui destinait sur le bateau à vapeur, le front du vieux matelot se rembrunit pour ne plus s'éclaircir. En vain la femme de chambre fit-elle, au retour, des frais d'amabilité prodigieux; en vain permit-elle à son futur de prendre un verre de rhum dans un estaminet borgne de la rue Saint-Honoré, Frantz ne se dérida pas, et ne lui dit, en la quittant, qu'un bonsoir glacial.

XIII

DERNIER ADIEU

Isaure entrant le lendemain dans la chambre de Raoul, fut surprise et presque effrayée de le trouver seul. Elle s'était bien aperçue que son amant souffrait, au contact de l'absurde société qu'il s'était choisie, pour lui obéir.

Elle-même avait pris en aversion la sottise de madame de Saint-Maxens et la simplicité beaucoup trop naïve de Lucien. D'abord elle ne parvint pas toujours à dissimuler son dégoût et son ennui, lorsque la comtesse lançait des imprécations contre les rentes d'Espagne et que monsieur son fils déclamait avec emphase une kirielle de vers latins ; mais bientôt, à l'aide de son amour, elle s'isola complètement d'une conversation plus gênante encore que ridicule, et força Raoul à la suivre dans ces mystérieuses divagations dont les amants seuls ont le secret, et qui s'intercalent à merveille, au milieu d'un entretien soutenu, sans que les personnes étrangères au sentiment qui les fait naître puissent deviner le mot de l'énigme.

Isaure se trouvait heureuse d'aimer Raoul et de pouvoir lui témoigner sa tendresse, sans péril our sa vertu.

Mais le lieutenant de la *Minerve* ne suivait qu'à regret la jeune femme dans les nuages de l'amour platonique. Il brûlait de sortir de la maison de santé, prison fangeuse, sous les verroux de laquelle il était venu s'écrouer sottement. Il fallait qu'Isaure succombât pour faire cesser son esclavage; car moitié par orgueil, moitié par véritable amour, il renonçait moins que jamais à la séduire.

— Ne m'accuse pas d'avoir enfreint le traité, ma bonne sœur! s'écria-t-il, en s'empressant de débarrasser la jeune femme de son châle et de son chapeau. Madame de Saint-Maxens a la grippe, et son aimable fils lui tient compagnie, en fabricant sans doute une idylle à ta louange... Tu as décidément fait la conquête du collégien.

— Vraiment? dit Isaure que le ton de Raoul avait entièrement rassurée. Tant qu'il m'exprimera ses sentiments en latin, il me sera bien difficile d'y répondre, n'est-ce pas, mon ami?

— Répondez-vous donc mieux à ceux qu'on vous exprime dans votre langue maternelle? demanda Raoul avec un accent de reproche.

— Pourquoi pas? répondit-elle en dissimulant son trouble, si je puis y répondre sans honte?

— Isaure, dit amèrement Raoul, vous avez d'étranges idées sur la vertu. Votre rigorisme fera de moi une victime et vous rendra malheureuse la première.

— Je ne vous comprends plus, mon ami.

Pourtant elle rougissait jusqu'au blanc des yeux.

— Dites que vous me comprenez trop, Isaure!.. Ai-je donc pu vous dévoiler toute la tristesse qui m'assiégeait le cœur, pendant ces huit mortelles journées où des sots faisaient, autour de nous, assaut de niaiseries? Ai-je pu vous avouer que chaque instant affaiblissait en moi cette résolution que vous m'avez fait prendre en dépit de mon amour?

— Raoul, dit madame Belfoy, consternée, vous manquez à votre promesse...

— Ah! si tu m'aimais comme je t'aime, Isaure! tu sentirais que le sacrifice de ce que tu appelles tes devoirs serait un faible dédommagement des souffrances que j'endure! Tu viendrais te jeter dans mes bras et reconnaître, en t'abandonnant à mes transports, que le reste du monde n'existe plus pour nous... Mais votre logique d'épouse vertueuse n'admet pas ce raisonnement, je le vois, madame!... Ainsi, lorsqu'une aveugle fatalité m'eut jeté sur votre route; lorsque, en vous voyant si belle et si remplie de qualités adorables, je me suis pris à vous aimer avec toute la passion que peut renfermer le cœur d'un homme, vous vous êtes dit froidement : Je veux essayer la puissance de mes charmes et voir jusqu'où ma coquetterie peut aller sans compromettre ma vertu. Ce malheureux qui est venu se prendre à mes piéges, je lui laisserai croire que je l'aime; je le ferai passer par de cruelles alternatives d'espérance et de découragement. Je sais qu'une de mes paroles lui rendra la vie, s'il est sur le point de succomber au désespoir : je dirai cette parole!... Puis j'essaierai de le convaincre qu'il peut me voir tous les jours, entendre le doux son de ma voix, presser ma main dans les siennes, effleurer de ses lèvres ma soyeuse chevelure et s'enivrer au feu de mes regards, sans éprouver d'autres émotions que s'il était au côté d'une sœur! Et, s'il vient me protester qu'un tel courage est au-dessus de ses forces, s'il se prosterne à mes genoux pour me supplier de guérir les blessures que j'ai faites, je monterai sur le piédestal de mes devoirs et je donnerai l'ordre impérieux de respecter ma vertu! L'esclave courbera le front et baisera peut-être encore sa chaîne... N'est-ce pas, madame, que je vous ai bien comprise, à mon tour?

— Ah! vos discours sont infâmes, monsieur de Bougival, dit Isaure éperdue; vous me punissez bien cruellement de ma folle confiance!

Et laissant tomber sa tête sur sa poitrine, elle fondit en pleurs.

Raoul se promenait à grands pas dans la chambre, en proie à l'exaltation la plus violente. A cette heure, pour décider Isaure à être à lui, il eût sacrifié son avenir, il eût donné jusqu'au dernier souffle de son existence. Craignant à la fois de perdre cette suprême occasion de bonheur et de réduire au désespoir une femme assez courageuse, il le savait, pour s'échapper et ne plus le revoir, il comprit combien il aimait cette femme. Sa passion grandissait de toute la vertueuse résistance d'Isaure. Le malheureux se tordait les bras et poussait des cris étouffés.

Enfin, il bondit jusqu'aux genoux de la jeune femme et la pressa contre sa poitrine avec une force sauvage.

— Pardonne-moi ! s'écria-t-il, pardonne à un pauvre fou qui t'aime avec délire, et dont la raison s'égare quand il songe à toutes les joies qu'il espérait trouver dans tes bras !.... Isaure, pitié ! Laisse mon amour chasser ton dernier scrupule et te prouver que Dieu nous avait destinés l'un à l'autre. Qu'importe ton époux ? Cet homme que tune peux aimer, n'est pas digne de toi. S'il m'a volé mon bonheur, dois-je donc lui permettre lâchement d'en jouir en paix ?... Toi-même, Isaure, toi-même, souffriras-tu que ton amant soit malheureux pour le reste de sa vie ? Oh ! mon Isaure, écoute enfin la voix de ton amour ! Ne me témoigne plus de défiance ; ne refuse pas de me confier ton avenir... Tu verras comme je saurai veiller sur toi, comme je te couvrirai de l'égide de mon inépuisable tendresse !

— Taisez-vous, Raoul, taisez-vous, murmura la jeune femme, accablée sous le poids des sensations que les discours de son amant excitaient en elle, et sentant avec effroi que sa vertu commençait à faiblir : j'ai cru jusqu'à ce jour à la sincérité de vos promesses, et j'ai suivi sans remords l'impulsion de mon cœur... Je vous en conjure, ne me forcez pas à vous haïr !

Mais le séducteur s'était aperçu de l'émotion violente qui soulevait le sein d'Isaure. Il l'attira vers lui par une irrésistible étreinte et déposa sur ses lèvres un baiser de feu.

L'imminence du péril rendit à la jeune femme toute sa présence d'esprit. Elle se cramponna, par un mouvement convulsif, au cordon d'une sonnette.

Frantz ne tarda pas à paraître.

— Monsieur de Bougival, dit-elle avec un son de voix déchirant, vous n'avez pas compris mes devoirs d'épouse..... Je ne vous reverrai plus, dussé-je en mourir de douleur!... Adieu pour jamais!

— Isaure! s'écria Raoul, si vous partez, je me fais sauter le crâne!

En même temps, il armait un pistolet qu'il venait de prendre sur la cheminée.

Saisie de terreur, la jeune femme s'élançait pour prévenir une catastrophe sanglante; mais Frantz, par une brusque secousse, avait déjà fait tomber l'arme sur le parquet.

Isaure jeta sur son amant un dernier regard plein d'amour et de reproche; puis elle s'enfuit en répétant d'une voix qui montrait toute la violence qu'elle faisait à son cœur :

— Adieu, Raoul!... Adieu pour jamais.

— Sacrebleu! mon lieutenant, s'écria Frantz, oubliez-vous donc que la *Minerve* a besoin de vous? Notre jolie frégate doit-elle rester veuve, parce qu'une femme a des caprices?... Elles en ont toutes d'ailleurs, et ma future la première... Au diable l'amour!... puisqu'il pousse un homme à de pareilles extrémités, je renonce à Mariette... Ma foi, oui, mon lieutenant! Ça me fera peut-être bien un peu de peine... Bah! j'aurai du moins la consolation qu'elle voulait m'enlever! Après tout, je n'ai pas fait plus de tort à sa vertu que vous n'en avez fait à celle de sa maîtresse... ça, par exemple, j'en réponds!... Et savez-vous quelle place elle m'avait trouvée, mon lieutenant? une place de chauffeur!... Mille millions de sabords et de boulets ramés! est-ce qu'un requin peut vivre dans le feu comme une salamandre?

Frantz se frappa la tête pendant cinq minutes en répétant avec colère :

— Une place de chauffeur!

— Voyons, mon lieutenant, du courage! continua-t-il. Mort-diable! il nous faut rejoindre la *Minerve*; et si nous ne caressons plus de femmes, nous caresserons des Anglais!

Raoul éprouvait un violent combat intérieur. Longtemps il fut insensible aux consolations que Frantz lui prodiguait à sa manière. Enfin, il serra vivement la main du vieux matelot, pour le remercier de l'avoir sauvé du suicide, auquel le poussait l'exaltation du moment.

Puis, s'approchant d'une table, il se mit à écrire à Isaure.

Quant à la jeune femme, elle s'était trouvée plus d'une fois prête à défaillir, pendant le long trajet qu'il lui fallut faire avant de regagner la maison de son époux. Pour comble de malheur, Conrad s'était aperçu de son absence.

Et dépit de Mariette, il voulut pénétrer dans la chambre d'Isaure, trouvant étrange cette migraine de tous les jours, et surtout le caprice qui lui défendait la porte. Mais il n'eut pas le temps de demander des explications à la femme de chambre, ni de chercher à deviner lui-même la cause de cette mystérieuse sortie, car bientôt il vit arriver sa femme, pâle comme une morte, et dans un état d'agitation qu'il ne pouvait comprendre. En vain, essaya-t-il de l'interroger, la pauvre enfant le regardait d'un œil morne, sans répondre à aucune de ses questions. L'effort extraordinaire de vertu qu'elle avait fait pour repousser l'amour de Raoul l'avait complétement brisée.

Conrad douta, pour la première fois, de la fidélité d'Isaure.

XIV

COMPROMISE

— Madame, je suis bien malheureuse! disait, le soir même de cette terrible journée, la femme de chambre en s'approchant du lit de sa maîtresse. M. Frantz ne veut plus se marier avec moi! lui-même me l'a déclaré tout à l'heure. Il prétend que vous avez fait beaucoup de peine à M. Raoul et qu'il ne peut plus l'abandonner, dans la crainte qu'il n'attente à sa vie... Les voilà sur le chemin de Cherbourg!

— Ils sont partis, Mariette..... En es-tu bien

certaine, dit Isaure, qui se redressa sur sa couche par un mouvement si brusque, que les flots de sa blonde chevelure se déroulèrent sur ses épaules.

— Hélas! oui, Madame, répondit la jeune fille avec des sanglots. M. Frantz n'était plus jeune; il avait la figure terriblement brûlée par le soleil ; enfin, Dieu sait qu'il n'était pas beau, et que ce n'est pas pour cela que je le regrette.... Mais c'est égal, il aurait fait un bon mari, j'en suis bien sûre !... Après tout, je me briserais la tête contre la muraille, qu'il n'en serait ni plus ni moins... Voici une dernière lettre qu'il m'a donnée pour vous, de la part de M. de Bougival.

Isaure cacha précipitamment sous son chevet le papier que venait de lui remettre la femme de chambre.

Son époux entrait suivi d'un médecin.

La figure de Conrad laissait encore voir les traces du bouleversement profond qui avait agité son âme. En interrogeant ses commis et le portier de la maison, il avait su que, depuis le départ de Raoul, Isaure s'absentait chaque jour, aux heures où lui-même faisait les courses nécessitées par son commerce. La conduite de sa femme avait donc réveillé, plus terribles, les soupçons qu'il avait cru d'abord mal fondés. Ce refus de lui expliquer le motif d'aussi fréquentes absences, et cet état de souffrance physique, résultat de la dernière excursion d'Isaure, tout lui prouvait une intrigue mystérieuse. Sa femme ne lui avait pas dévoilé l'énigme de ses nombreuses sorties : donc elle s'avouait coupable, donc sa maladie n'était que l'effet du remords, ou plutôt, elle était produite par l'impossibilité de renouveler, à l'avenir, de criminelles démarches.

Tous les serpents de la jalousie envahirent à la fois le cœur de l'épicier. Il devina que Raoul n'avait fait que simuler une indisposition et un départ ; que, fort des témoignages d'affection qu'il avait recueillis à l'heure des adieux, il flétrissait odieusement l'honneur d'un ami.

Le premier mouvement de Conrad fut de s'enquérir de toutes les preuves qui pouvaient le convaincre de son malheur. Il questionna Mariette; mais la jeune fille qui n'avait pas encore vu Frantz, se garda bien de révéler un secret qu'elle avait intérêt à cacher, et que d'ailleurs elle avait promis de taire par un serment solennel. N'obtenant aucune révélation du côté de la femme de chambre, il courut à la préfecture de police pour demander l'adresse du lieutenant, persuadé que l'antre de la rue de Jérusalem possédait tous les secrets, et n'avait qu'à mettre ses limiers à la piste de l'un des habitants de la grande ville pour le découvrir aussitôt. Sur l'énoncé des raisons qui lui faisaient désirer de connaître cette adresse, raisons que Conrad ne crut pas devoir dissimuler, un chef de bureau goguenard lui partit d'un éclat de rire au visage, et feuilleta, pour la forme seulement, le registre des hôtels garnis.

— Je ne trouve pas le nom de votre homme, dit-il à Conrad : ainsi vous ne l'*êtes* qu'en imagination... Je voudrais pouvoir en dire autant.

L'épicier ne se découragea pas; il ne quitta la rue de Jérusalem que pour se rendre au ministère de la marine ; mais il n'arriva qu'après la fermeture des bureaux.

Fatigué d'émotions violentes et de courses inutiles, il alla se reposer un instant sous l'ombrage des Champs-Élysées. Le vent frais du soir rendit un peu de calme à sa tête brûlante, et, graduellement, ses noires pensées firent place à des réflexions plus favorables à la vertu d'Isaure. Lui, Conrad, avait-il donc chassé Raoul de sa maison? Le lieutenant, dont il croyait voir encore les traits décomposés, était-il réellement capable d'ourdir une pareille trame pour suborner la femme d'un ami?

Mais quelle était la véritable cause des sorties journalières d'Isaure? Pourquoi ce silence obstiné, quand elle pouvait, d'un seul mot, rassurer son époux?

— Elle souffre, se dit Conrad, et je suis loin d'elle!... Je l'abandonne, quand peut-être elle est innocente!

Deux minutes ne s'étaient pas écoulées qu'il frappait à la porte de son médecin, rue Neuve-du-Luxembourg. Il entraîna rapidement avec lui l'homme de l'art pour le conduire auprès d'Isaure; et, lorsqu'ils se présentèrent aux yeux de la jeune femme, celle-ci s'empressa, comme nous l'avons dit, de cacher la lettre que venait de lui donner Mariette.

Le docteur M... connaissait Conrad de longue date. Il avait entendu le riche épicier, dont le jeune homme avait pris le fonds, porter aux nues l'activité de son premier commis et déclarer à tous qu'il n'aurait pas d'autre successeur. Il savait, en outre, avec quelle exactitude Conrad avait rempli ses engagements, après la cession qui lui avait été faite de son magasin;

mais il avait blâmé le mariage du jeune commerçant avec une jeune fille élevée à Saint-Cyr. Il avait surtout blâmé la ligne de démarcation tracée par Conrad entre sa femme et lui, plutôt que d'associer Isaure aux soins de son commerce, et, par là, de la mettre à l'abri des attaques que la séduction pouvait diriger contre elle.

Quelques paroles, échappées de la bouche de Conrad, firent comprendre au docteur que ses prévisions avaient été justes, et que le trouble commençait à s'introduire dans ce jeune ménage.

En homme habitué à sonder la profondeur des plaies morales, avant de s'occuper de la guérison des maladies du corps, il interrogea Conrad avec cette indiscrétion bienveillante qui provoque un aveu beaucoup mieux que la tactique des détours. Il sut bientôt, et le séjour de Raoul chez son ami de collége, et les soupçons que Conrad avait conçus sur la fidélité de sa femme.

12.

Le bon docteur résolut, s'il en était temps encore, d'arrêter l'épouse sur les bords glissants du gouffre de l'adultère, et de rendre à l'époux la sécurité que sa propre imprudence lui avait fait perdre... Un incident heureux favorisa son projet.

Le docteur M... avait cinquante-cinq ans. Sa longue expérience et l'habitude d'assister à ces drames secrets qui se dénouent dans l'intérieur des familles lui avaient acquis une étonnante perspicacité pour découvrir les ressorts cachés d'une intrigue et deviner une faute sous les pulsations plus ou moins précipitées de l'artère et dans le miroir limpide des regards.

Il prit la main d'Isaure, et fixa sur la jeune femme ses yeux perçants. La jeune femme soutint ce coup d'œil avec une impassibilité calme, qui amena sur les lèvres du docteur un sourire de satisfaction.

— Ce ne sera rien, mes enfants, dit-il en étudiant sur le visage des époux l'effet produit par ses paroles. Çà, voyons, ma jolie malade, nous avons des caprices, n'est-ce pas?... Celui de la promenade, par exemple!... Hier, je vous ai rencontrée aux Tuileries, sous la grande avenue de tilleuls... Mais vous avez évité ma rencontre comme une fauvette effarouchée.

Conrad tressaillit.

— Je viens de faire un effronté mensonge, pensa le docteur; mais enfin, puisque je crois cette jeune femme innocente, il faut justifier ses promenades et la mettre à l'abri du soupçon... Ce pauvre mari ne supporterait pas une pareille incertitude.

— Allons, allons, petite capricieuse, continua-t-il en effleurant de ses doigts les joues d'Isaure avec une familiarité toute paternelle, ne rougissez pas! Votre position justifierait tous les caprices du monde... Monsieur Belfoy, votre femme est enceinte!

— Enceinte! s'écrièrent à la fois Isaure et Conrad.

— O mon Dieu! dit mentalement la jeune femme en levant au ciel ses yeux humides, je vous remercie de m'avoir préservée d'un éternel remords.

— Enceinte! répéta Conrad avec joie... je serai père!... Embrassez-moi, docteur, pour la bonne nouvelle que vous m'annoncez!

— Embrassez d'abord votre femme, que diable! vous lui devez bien cela.

Le docteur, en disant ces mots, s'était approché de la fenêtre. Il fredonnait en tambourinant sur les vitres et regardait dans la rue. Le brave homme agissait ainsi pour favoriser une réconciliation.

— Isaure, dit Conrad, tressaillant encore au souvenir des pénibles craintes qui l'avaient assiégé pendant tout le jour, je suis un misérable... J'ai soupçonné la mère de mon enfant!

— Je vous avais promis de ne jamais faire une tache à votre nom, Conrad... et j'ai tenu parole.

Pour toute réponse, l'épicier serra sa femme contre son cœur en versant des larmes de repentir.

— Là! là! mes tourtereaux, dit le bon docteur en se rapprochant du lit, un peu de modération, s'il vous plait! Vous allez rendre à un vieux barbon de mon espèce toutes ses idées de vingt ans... Attendez un peu que j'aie dicté mon ordonnance.

— Je suis guérie, dit Isaure avec un doux regard plein de gratitude, et qui pouvait se traduire ainsi :

— Vous saviez tout, et pourtant vous ne m'avez pas crue coupable; vous avez sauvé les apparences qui me condamnaient... Merci, docteur!

— Et j'ai fait une bonne action, se dit le brave homme, qui avait compris ce regard... Voyons, ma belle malade, ajouta-t-il à haute voix, vous êtes guérie, je le veux bien; mais il faut prévenir une rechute. En conséquence, vous descendrez tous les jours au magasin, cela vous distraira. Vous continuerez vos promenades... en compagnie de votre époux : vous les faites trop longues, lorsque vous sortez seule. La fatigue vous est plus nuisible encore qu'un repos absolu... Vous ajouterez à cela quelques légères infusions de tilleul, et je réponds de cette petite santé.

Grâce au docteur M... la paix et le bonheur revinrent dans le ménage de Conrad.

En pensant qu'elle allait être mère, la jeune femme oubliait Raoul et le fatal amour qui l'avait presque entraînée vers le déshonneur, pour ne plus songer qu'à son enfant, frêle et douce créature qu'elle environnait d'avance de tous les soins délicats inventés par la tendresse maternelle... Mais la faute qu'elle avait commise, en rendant de secrètes visites au lieutenant de la *Minerve*, devait avoir des suites beaucoup plus terribles; Isaure devait subir jusqu'au bout le châtiment de son imprudence.

Une belle journée de septembre (c'était un dimanche) semblait inviter les Parisiens à passer la barrière, pour aller chercher, aux alentours de la capitale, l'ombrage des bois, les plaisirs champêtres, et surtout un horizon moins borné que leur horizon de pierre de taille : Conrad vint annoncer à sa femme qu'une voiture était prête à la conduire au bois de Boulogne.

— Il y a fête au Ranelagh, ma chère amie... Si j'en crois l'affiche, ce sera superbe ! Nous dînerons à Passy ; nous danserons, et, comme le remise est à mes ordres, nous reviendrons à deux heures du matin, si cela nous fait plaisir.

L'heureux Conrad déposa deux baisers sur les joues d'Isaure ; puis il s'empressa de descendre pour donner la clef des champs à ses commis et fermer le magasin.

Une demi-heure après, la voiture de louage courait ventre à terre dans l'avenue des Champs-

Élysées. La jeune femme était souriante et presque joyeuse. Elle avait compris que les élans fougueux de la passion conduisaient rarement au bonheur, et qu'une simple amitié, basée sur l'estime, assure le repos de l'âme et de la conscience. Si parfois l'image de Raoul se présentait à son souvenir, entourée de cette poésie dont l'imagination d'une femme pare toujours un amant, elle se disait que, sous le charme d'un bel extérieur, le lieutenant cachait une âme qui n'égalait peut-être pas en générosité celle de Conrad... Elle avait donc relégué le souvenir de Raoul dans le pays des rêves.

Hélas ! elle ne se doutait guère que des chagrins trop réels devaient résulter de ce rêve d'un jour, et que d'innocentes relations, surprises à sa crédulité, pouvaient aux yeux de son époux, aux yeux de la société tout entière, se changer en crime.

Le Ranelagh n'avait jamais eu de soirée plus brillante. Le bal ressemblait à un admirable parterre mouvant, où se croisaient, en tous sens, des femmes et des fleurs. Les diamants scintillaient aux clartés des lustres; et dans ce tourbillon de lumière et de soie, on ne distinguait pas la noble dame de la grisette, l'honnête bourgeoise de la femme entretenue. Les rangs se confondaient aux accords de l'orchestre. Toutes ces têtes qui paraissaient et disparaissaient tour à tour, au milieu des vives ondulations de la danse, n'avaient que des idées joyeuses; si quelque douleur isolée pleurait à l'écart, ses larmes se perdaient au milieu de cet océan de plaisir.

A peine Conrad et sa femme furent-ils installés dans la galerie qui domine la salle de danse, qu'un grand jeune homme blond, droit comme un mât de cocagne, et dont la pâle figure se tenait immobile au-dessus d'une cravate empesée, vint saluer amicalement Isaure et s'asseoir auprès d'elle, au grand étonnement de Conrad, qui ne se souvenait pas d'avoir vu nulle part la figure de ce monsieur.

Isaure reconnut avec effroi le fils de la comtesse de Maxens, le poëte ridicule qui, deux mois auparavant, lui fatiguait les oreilles de ses églogues sentimentales.

— En vérité, dit Lucien, je suis charmé de la rencontre ! et je remercie le hasard qui m'a fait choisir ce jour pour rendre visite à mon oncle... Vous vous êtes éclipsée, ma belle dame, comme un météore fugitif. Monsieur votre frère lui-même a disparu de la maison de santé, l'ingrat! sans dire adieu à ses amis... Ma mère était furieuse contre M. de Bougival!

— De grâce, dit Isaure dont toutes les facultés étaient anéanties par ce coup inattendu, taisez-vous, monsieur!... Voilà mon mari !

Lucien s'empressa de saluer Conrad. Il attribuait les terreurs de la jeune femme à la crainte d'être compromise par sa présence, et reprit avec un flegme qui redoubla le désespoir d'Isaure :

— Je dois vous dire, monsieur, que j'ai eu l'honneur de faire la connaissance de madame à la maison de santé du docteur Dubois, rue du Faubourg-Saint-Denis, n° 112. Elle venait voir son frère, M. Raoul de Bougival ; et tous deux voulaient bien nous admettre parfois dans leur aimable compagnie... Nous avons regretté vivement...

Conrad était pourpre de colère : le blond jeune homme s'arrêta tout stupéfait.

Il acheva de perdre contenance en jetant les yeux sur Isaure... Elle était renversée sur sa chaise, plus pâle qu'un linceul, et ne donnant aucun signe de vie. Lucien, sans chercher à comprendre ni la fureur du mari, ni l'évanouissement inexplicable de la *sœur* de Raoul, descendit précipitamment les degrés et se perdit dans le bal, pendant que Conrad, hors de lui, transportait sa femme jusqu'à la voiture qui les avait amenés. Les secousses produites par une course rapide rendirent à Isaure l'usage de ses sens, et lui montrèrent, en face d'elle, la figure livide de son mari.

Le premier mouvement de la jeune femme fut de se jeter à genoux pour demander grâce, mais Conrad fut inflexible et la repoussa durement, sans lui adresser un mot.

La voiture les avait amenés à leur domicile, et tous deux étaient assis dans la chambre nuptiale, que cet effroyable silence n'était pas encore rompu.

— Madame, dit enfin l'épicier d'une voix qu'il s'efforçait de rendre calme, vous devez sentir que désormais votre place n'est plus ici... Vous partirez demain! Lorsque, pour mon malheur, je vous ai choisie pour épouse, vous étiez pauvre... Pauvre, je pourrais vous renvoyer, madame, si je ne vous méprisais trop pour me venger. Je vous accorde douze cents livres de rente... En échange du pain que je vous donne, délivrez-moi de votre odieuse présence!

— Conrad! Conrad! murmura-t-elle écrasée

par le sang-froid qui avait dicté ces accablantes paroles, prenez garde à ce que vous allez faire!... Il me reste des droits à votre estime : je ne suis pas coupable.

Toutes les flammes de la colère, un instant comprimées, jaillirent à la fois des yeux de Conrad. Sorti des bornes de son naturel pacifique, il approchait de cette exaltation furieuse, où l'homme est capable d'un meurtre.

— Infâme! s'écria-t-il en lui saisissant le bras et la faisant ployer comme un roseau sous sa main de fer, crois-tu me tromper encore par tes protestations hypocrites?... Épouse parjure et sans pudeur, oseras-tu soutenir, à la face de ton juge, que cet homme, infâme comme toi, ne t'a pas salie de ses baisers?

— Oui, je le soutiens! s'écria la jeune femme en se redressant avec toute la majesté de l'innocence.

Une pensée rapide comme l'éclair avait traversé son esprit. Elle brisa le tiroir d'un meuble en palissandre et jeta deux lettres aux pieds de Conrad.

— Lisez, monsieur! vous croirez peut-être bientôt que c'est à vous de me demander grâce !

XV

JUSTIFIÉE

La figure d'Isaure était calme et belle : on eût dit d'une reine outragée reprenant son empire. Dès ce moment, les rôles furent intervertis. La jeune femme triomphait, et Conrad, terrassé par ce qu'il ne croyait encore qu'un excès d'audace, ramassait machinalement les lettres et balançait à les déployer.

—Je vous ai prié de lire, monsieur! continua-t-elle avec un accent impératif : je tiens à prouver que je ne suis pas une infâme!

La première de ces lettres était celle que Raoul avait écrite pour attirer Isaure à la maison de santé. La seconde, que nous ne connaissons pas encore, était ainsi conçu :

« Vous m'avez dit adieu pour jamais!... Main-
» tenant, je ne l'ai que trop compris, votre irré-
» vocable résolution me défend l'espérance et
» m'interdit jusqu'au bonheur de vous revoir
» un jour. Je ne tenterai pas de violer cette dé-
» fense, Isaure!.... Lorsque la vertu d'une
» femme résiste à l'épreuve d'un amour pareil
» à celui que j'éprouvais pour vous, on doit se
» tuer sous les yeux de cette femme, ou l'ad-
» mirer avec enthousiasme et lui dresser un
» autel dans son cœur; on ne doit voir, en elle,
» qu'un être au-dessus de l'humanité, qui ne
» partage point la faiblesse de notre nature et
» qui ne sait aimer que comme on aime aux
» cieux !... Isaure, votre nom sera toujours pour
» moi une grande et sainte pensée : vous m'avez
» fait croire à la vertu!... Puissiez-vous être

» heureuse, en marchant dans cet étroit sentier
» du devoir, que vous suivez avec tant de cons-
» tance et de résignation ! Vous n'entendrez plus
» parler de moi...

» Seulement, Isaure, soyez indulgente comme
» la divinité, dont vous êtes la plus belle image !...
» Oubliez mes torts et ne maudissez pas mon
» souvenir ! » RAOUL. »

— Oui, s'écria Conrad, après cette lecture, en tombant aux pieds de sa femme ; c'est à moi de te demander grâce !... Mais tu ne me refuseras pas mon pardon, car tu dois comprendre les angoisses que la cruelle révélation de ce soir m'a fait souffrir... Oh ! cet enfant que tu portes dans ton sein, je pourrai donc l'embrasser sans crainte ! Sois bénie, mon Isaure ! je te rendrai tout le bonheur que tu m'as fidèlement conservé, malgré mon imprudence.

La jeune femme tomba dans les bras de son mari : dès ce moment, Raoul n'exista plus pour elle.

13.

Conrad, instruit par l'expérience, se garde bien aujourd'hui d'amener l'amitié sous le toit conjugal. Il compte bientôt se retirer des affaires et sera lui-même le sigisbée de sa femme.

La jeune Lyonnaise continue de remplir les fonctions de femme de chambre et de cuisinière, en attendant un mari.

Quant au lieutenant de la *Minerve*, il surveille, au port de Cherbourg, le radoub de sa frégate. Frantz a complètement oublié Mariette, au milieu de ses fréquentes libations, et jure, du matin au soir, contre le gouvernement qui ne déclare pas la guerre aux Anglais.

UNE
ACTRICE D'UN JOUR

HISTOIRE CONTEMPORAINE

I

Epinal est une petite ville coquette et gracieuse que le titre de chef-lieu n'enorgueillit pas le moins du monde.

Semblable tout à la fois à une dryade et à une nymphe des fleuves, elle baigne ses pieds dans les flots de cristal de la Moselle et secoue au-dessus de sa tête les sapins parfumés des Vosges. Jamais paysages plus enchanteurs, jamais horizons plus radieux ne se réunirent autour d'une même cité pour lui faire une ceinture pittoresque et verdoyante.

A quelques rares exceptions près, les habitants de ce paisible Eldorado de la montagne ont des mœurs douces et hospitalières que l'égoïsme de la civilisation a respectées jusqu'à ce jour. Les furies de la politique n'osent point y rugir, ou du moins elles cherchent l'ombre et cachent leurs chevelures de serpents.

Gardez-vous de conclure de ce qui précède qu'Épinal n'ait pas marché, comme tout le reste de la France, sur la route du progrès. On y respire seulement un air de calme et un parfum de tranquille philosophie peu communs à notre époque, et dont il ne faut pas chercher la cause ailleurs que dans l'aspect constant de cette riche et splendide nature des Vosges.

Néanmoins, vers la fin de mai dernier, le calme habituel de la ville parut tout à coup troublé d'une manière étrange.

La population était en émoi.

Des groupes se formaient dans les rues. On s'abordait, on se questionnait, on se livrait à de grands gestes étonnés, puis on se quittait pour aller dans un autre groupe échanger quelques mots rapides.

A quelle circonstance imprévue devait-on ce bouleversement? d'où provenaient ces rumeurs soudaines? Avait-on reçu de Paris des dépêches alarmantes? Non certes. D'ailleurs, nous l'avons dit, la politique n'aurait pas eu le pouvoir d'agiter de la sorte les bons habitants de la cité vosgienne.

Et puis, il fallait que la nouvelle eût quelque chose d'heureux et d'inattendu, car tous les visages étaient épanouis, toutes les bouches souriantes.

Bientôt de fraîches toilettes de femmes se montrèrent aux jalousies entr'ouvertes, et les hommes coururent mettre leur habit noir.

Mais on va nous soupçonner de poser un logogriphe. Ne prolongeons pas le mystère, et disons bien vite qu'une immense affiche bleu de ciel était collée à la préfecture, à la mairie et à tous les principaux édifices de l'endroit.

On y lisait en lettres triomphantes :

ROBERT-LE-DIABLE.

Et plus bas :

*A la demande unanime des citoyens d'Épinal, mademoiselle X***, artiste du théâtre national de l'Opéra, jouera pour la seconde fois le rôle d'*Alice.

Voilà tout le secret de l'espèce de révolution qui remuait la ville. Une de nos premières *diva* parcourait la province. Elle venait d'essayer quelques roulades à l'ombre des Vosges, et, dans leur enthousiasme pour son merveilleux talent, nos montagnards l'avaient étourdie de bravos et comblée de couronnes.

Mademoiselle X*** s'était fait prier, avant de promettre une seconde édition de son triomphe. On l'attendait, disait-elle, à Strasbourg.

Déjà sa chaise attelée se tenait devant l'hôtel d'Allemagne, lorsque survint une députation imposante, en tête de laquelle marchait Gaston de Lostanges, ex-lion du boulevard Italien. L'actrice voyageuse fut obligée d'écouter un discours où la supplication prenait toutes les formes et s'appuyait de la flatterie la plus insinuante.

Gaston était fort bel homme.

Il vit bientôt que cela ne nuisait point au succès de ses manœuvres oratoires, et son éloquence devint si chaleureuse que mademoiselle X*** congédia le postillon et fit décharger ses bagages.

Moins d'une demi-heure après, la splendide affiche bleu de ciel rayonnait aux murailles.

Fier du succès qu'il venait d'obtenir, M. de Lostanges descendit de la chambre de la cantatrice et regagna son domicile, appuyé sur le bras d'un grand jeune homme, tout frais émoulu de ses humanités.

C'était son beau-frère.

Nous avons oublié jusqu'à présent de le dire, Lostanges, après une jeunesse orageuse, avait fini par se ranger lui-même. Cette conversion datait de son mariage avec une jeune orpheline, dont le père, Irlandais de nation, s'était amassé dans les Vosges une fortune considérable, en appliquant la vapeur au sciage des sapins.

Miss Hannah Melburn passait, à dix lieues à la ronde, pour la jeune fille la plus chrétienne, la plus riche et la plus jolie, trois qualités dont la réunion soulève rarement des obstacles lors de la signature d'un contrat de mariage. Une teinte d'originalité dans le caractère, produite par une éducation semi-française et semi-britannique, ajoutait encore un attrait de plus aux nombreux attraits qu'Hannah devait à la nature. Arrivée de Dublin au sortir de l'enfance, et mise ensuite dans l'un des premiers pensionnats de la capitale, elle unissait, par un heureux mélange, les grâces aimables de la Parisienne aux qualités sérieuses des femmes de son pays.

Depuis cinq années bientôt M. de Lostanges était l'époux de la belle Irlandaise. Il avait deux enfants.

— Vite, cria-t-il, en forçant son beau-frère à activer la marche. Il n'y a pas une minute à perdre! Quatre heures sonnent à l'Hôtel de Ville, et ma femme, je le gage, n'aura pas eu l'esprit d'avancer le dîner... Sais-tu qu'elle est charmante?

— Oh! oui, répondit naïvement Édouard.

C'était le nom du collégien.

— Délicieuse, mon cher!... Un pied de Chinoise, de petits doigts effilés, une bouche mutine, et des yeux!... sans compter qu'elle a de l'esprit comme un lutin.

— Eh! mais dit Édouard en riant, on croirait que c'est de la nouveauté pour toi?

— Sans doute. Il y a six ans, à mon départ de Paris, l'Opéra ne possédait pas cette merveille.

Le jeune homme s'arrêta court.

— Ça, voyons, de qui parlons-nous ? Est-ce de ta femme, ou bien...

— De ma femme ! s'écria Lostanges, avec un accès de fou rire. Ah ! ah ! le quiproquo me semble du plus haut comique... De ma femme !... Ce cher ami !... Vraiment il dépasse les dernières limites de la candeur, et je finirai par le faire couronner rosière !

Une douloureuse émotion déchira le cœur du jeune homme ; il s'écria d'une voix émue :

— Gaston !

— Mon Dieu, ne te fâche pas ! Oui, je l'avoue, ta sœur a des qualités précieuses, des vertus de ménage... Elle est douce, économe, fidèle épouse et bonne mère... Un jour, on l'écrira sur sa tombe en lettres d'or. Mais en attendant, vois-tu, c'est quelque chose de très-monotone ; c'est de la fidélité domestique, du pot-au-feu !

— Oses-tu bien, dit sévèrement Édouard, professer devant moi de pareils principes ?

— Bah! tu en reconnaîtras la justesse avec l'âge! En ce moment, tu as toutes les idées fausses dont les pédants de collége t'ont bourré le cerveau. Tu prends modèle sur les patriarches de la Bible, et tu raisonnes comme les bergers de Virgile. Mais, va, je saurai te former, sois sans crainte.

— Merci beaucoup, mon cher! Dussé-je éternellement me voir traiter de niais, je repousse la réforme que tu veux introduire dans mon éducation. Jamais tes principes ne seront les miens. Je vais plus loin : si tu les avais énoncés aussi hardiment jadis, on aurait, je crois, hésité davantage à te confier la destinée de ma sœur.

— Oh! oh!... Voici qui tourne au sérieux... Comment donc? vous me sermonnez, je crois, et vous avez la prétention de me faire de la morale, monsieur le collégien?

Ils entraient alors sous une avenue du Mail.

Au bout de cette avenue se trouvait la maison de Lostanges.

Tous les bourgeois de la ville étaient à leur dîner ou à leur toilette. Il n'y avait pas de promeneurs.

Le jeune homme prit les deux mains de son beau-frère. Ses joues étaient pâles et de grosses larmes roulaient dans ses yeux.

— Gaston, murmura-t-il, j'accepte vis-à-vis de toi l'infériorité que me donne mon âge. Sans doute je n'ai pas le droit de la remontrance; mais tu ne me refuseras pas celui de la prière, et c'est une prière que je vais t'adresser. Gaston, mon ami, mon frère... écoute! Il faut d'abord que je te parle du souvenir de mon enfance. J'avais sept ans à peine, lorsqu'une épidémie terrible éclata dans les Vosges. Attaqué le premier, mon père succomba. Mais le fléau n'avait pas assez d'une victime, et trois jours après, ma sœur et moi, nous pleurions sur la tombe de ma mère.

— Là! là!... Pourquoi me conter cette sombre histoire? C'est un enfantillage, dit Lostanges très-ému.

— Je te supplie de m'entendre! On nous plaça, tristes orphelins, sous la tutelle d'une vieille tante, qui nous abandonnait aux caprices de ses domestiques. Hannah, plus âgée que moi, et revenue de son pensionnat depuis deux ans, me prodiguait des soins assidus. Son amour fraternel prévenait mes moindres désirs. Elle s'est conduite, non-seulement comme une sœur, mais comme une mère... Aussi je l'aime avec ce que j'ai de plus saint et de plus dévoué dans le cœur... Gaston, je t'en conjure, ne la rends jamais malheureuse!

Semblable à tous les coryphées du cynisme moderne, M. de Lostanges avait des prétentions à une insensibilité complète. Il traitait du haut en bas les sentiments les plus respectables, et insultait à la vertu par son scepticisme railleur.

Mais il n'était pas aussi perverti qu'il essayait de le paraître.

Le discours d'Édouard le toucha vivement. Sa paupière devint humide, le remords se glissa sous la cuirasse factice dont il s'enveloppait le cœur, et son esprit envisagea sûrement alors comme un crime l'idée de sacrifier à une affection coupable ses devoirs d'époux et de père.

Il pressa la main du jeune homme, et celui-ci put comprendre qu'il n'avait pas vainement évoqué chez Gaston les sentiments généreux.

Au bout d'une minute de marche, ils sonnèrent à la grille d'une fort jolie maison, cachée dans un nid d'oiseau sous les ombrages et les fleurs.

Deux chérubins d'enfants, tout mignons et tout joyeux, accoururent se jeter dans les bras de Lostanges. Ils lui firent mille caresses; puis ils s'emparèrent chacun de l'une de ses mains et le conduisirent dans le salon où madame de Lostanges attendait.

Le petit beau-frère alla s'asseoir au fond d'un berceau du parc. Il ne voulait pas troubler par sa présence les épanchement des époux.

II

Hélas ! quand des nuées ténébreuses se sont lentement amassées sur le bonheur conjugal, il est bien rare qu'elles se dissipent au premier rayon de soleil! Il faut que la nuée crève, que l'orage éclate ; et, si le calme doit renaître, on ne peut en jouir qu'après les désordres et les bouleversements de la tempête.

Hannah Melburn avait épousé depuis cinq ans Gaston de Lostanges.

Elle était belle, douce, aimante.

M. de Lostanges devait nécessairement oublier près d'elle jusqu'au souvenir des folles amours. Les chastes transports de cette gracieuse enfant lui rajeunissaient l'âme et ramenaient une à une ses illusions envolées.

Six mois s'écoulèrent, six mois d'ivresse et de bonheur sans nuage.

Puis tout à coup la jeune femme crut s'apercevoir que son mari n'était plus aussi empressé vis-à-vis d'elle. En effet, ce dernier sentait l'ennui se glisser au milieu du tête-à-tête. Cette félicité constante, ce perpétuel rayon d'amour et de joie commençaient à lui causer de la fatigue.

A partir de ce moment, il chercha des distractions au dehors.

Madame de Lostanges s'étonna, mais elle ne s'affligea point. Elle ne pouvait croire que l'indifférence succédât ainsi à l'affection la plus sérieuse. D'ailleurs, les douces préoccupations de la maternité vinrent bientôt remplir sa vie et rendre moins sensible le changement de Gaston à son égard.

Chaque jour amenait sur le front de Lostanges de nouveaux ennuis, et chaque jour révélait chez Hannah des trésors d'angélique patience. L'inquiétude avait fini par la saisir ; mais elle cachait avec soin ses angoisses, dévorait ses pleurs et cherchait des consolations dans la prière. Quand elle voyait le front de son époux se charger de tristesse et son regard devenir morne, elle allait prendre les enfants pour les déposer sur les genoux de Gaston. Elle instruisait ces deux anges blonds et roses à lui bégayer à chaque minute un mot plus tendre, à lui faire une plus délicieuse caresse. Mais elle ne ramenait pas toujours la sérénité sur ce visage sombre, et souvent, en réponse à ses douces avances, elle n'obtenait qu'une parole brusque ou un geste brutal.

Une fois le premier enivrement passé, M. de Lostanges s'était pris à secouer avec humeur la chaîne de l'hymen et à regretter son existence d'autrefois, son métier d'homme à conquêtes.

Ce charme intime du ménage, ce bonheur à deux, finirent par lui paraître d'une monotonie désespérante. Quelques traits perfides lancés de temps à autre par d'anciens compagnons de débauche achevèrent d'imposer silence aux conseils que lui dictait un reste de pudeur. Il déserta sa maison, renoua de dangereuses amitiés, et se livra, sous prétexte de ressaisir son indépendance, aux fantaisies les plus excentriques et les moins permises.

Quand un homme est aimable, le monde devient indulgent. Il ne s'inquiète pas si le plaisir que cet homme lui procure est payé, non loin de là, par le désespoir et les pleurs.

Madame de Lostanges apprit enfin que Gaston, si maussade auprès d'elle, faisait les délices de certains cercles de la ville, où l'on ne jugeait pas convenable de la recevoir.

Un instant elle crut qu'elle allait mourir.

L'épreuve était trop forte pour cette délicate et frêle nature de femme, toute de dévouement et d'amour. Néanmoins elle surmonta sa douleur. La fierté prit le dessus chez elle, et Gaston n'essuya pas un reproche, n'entendit pas une plainte.

Il est vrai que la jalousie n'avait pas encore glissé son venin jusqu'au cœur d'Hannah. M. de Lostanges ne l'aimait plus ; mais l'idée qu'il pût en aimer une autre ne s'était point encore présentée à l'imagination de la jeune femme.

Dans une petite ville rien ne s'ignore, et l'on déchire bien vite le voile d'une intrigue.

Aucune rumeur inquiétante n'est parvenue aux oreilles de l'épouse ; donc, l'époux ne peut être accusé que d'indifférence. Puisqu'il n'est pas infidèle, il est possible de le ramener encore.

Cette idée rendit presque le bonheur à madame de Lostanges.

Dès ce jour, elle déploya, pour vaincre la noire humeur de Gaston, les ressources de la diplomatie féminine, la plus adroite et la mieux combinée. Sa voix, son regard, tout en elle prit un air de suave langueur et de fine câlinerie, dont le charme pour tout autre eût été irrésistible.

Mais M. de Lostanges ne parut pas seulement s'en apercevoir.

Hannah eut besoin de tout son courage pour lutter contre cette brutale insouciance. Elle mit tant d'abnégation, tant de douceur, qu'elle réussit presque à fondre la couche de glace qui recouvrait l'âme de son mari.

Gaston retrouva près d'elle quelques élans de tendresse ; elle en profita pour remporter de nouvelles victoires.

M. de Lostanges n'allait plus dans le monde sans sa femme ; elle l'accompagnait partout, à la promenade, au théâtre, et se livrait à des étonnements naïfs, lorsque Gaston secouait avec colère la chaîne rivée de niveau à son pied.

Il rentrait dans le rôle de la jeune femme de

ne pas comprendre ces révoltes, et jamais elle ne donnait prise à la moindre explication.

Mais, hélas! en dépit de tous ses efforts et malgré les habiles manœuvres que lui suggérait son cœur, la pauvre enfant allait subir le coup le plus fatal et le plus imprévu!

Elle assistait, la veille, avec M. de Lostanges, à la représentation de *Robert-le-Diable*.

Mademoiselle X***, la célèbre *diva*, ne se faisait pas seulement remarquer par son talent musical, elle était d'une beauté fort dangereuse, et nous devons lui rendre cette justice que devant la rampe, elle manœuvrait aussi habilement de la prunelle que du gosier.

Distinguant M. de Lostanges à une loge d'avant-scène, elle dirigea contre lui l'artillerie de son regard, et Gaston, comme on le devine, fut incendié des pieds à la tête. Sans respect pour Hannah, que cet imprudent manége mettait à la torture, il répondait aux œillades de l'actrice. Chacun put le voir se pencher sur la balustrade et l'applaudir avec frénésie.

A la fin d'un morceau du quatrième acte, entre Alice et Robert, il poussa l'oubli de lui-même et des convenances jusqu'à prendre le bouquet de sa femme pour le jeter aux pieds de la *diva*.

C'était le comble de l'impudeur.

On murmura hautement dans la salle; et tous les regards se tournèrent avec intérêt vers madame de Lostanges.

Elle se leva, pâle comme une morte. On crut qu'elle allait s'évanouir. Mais, faisant appel à toute sa force d'âme, elle ouvrit la porte de la loge et disparut, sans que son mari daignât lui adresser une parole pour mettre obstacle à sa retraite.

De retour chez elle, la malheureuse épouse pleura toutes ses larmes.

Voilà donc le résultat de son inaltérable patience! On l'offense publiquement, on l'outrage sans honte, on ose la sacrifier à une fille de théâtre !

D'où proviennent chez son mari cet entraînement fatal, ce délire insensé ? Attribuera-t-on aux charmes de la cantatrice le vertige qui le saisit ? Mais rendez à madame de Lostanges le repos et la joie, nulle autre ne pourra lutter avec elle de gentillesse et de grâce. Alors, par quoi Gaston s'est-il laissé séduire ? Par le talent de cette créature ? Mais l'œuvre sublime de Meyerbeer, qu'il accueille aujourd'hui avec les bravos enthousiastes, sa femme, hier encore, lui en déroulait toutes les richesses musicales, sans qu'il eût daigné seulement lui adresser une félicitation ou un sourire.

Elle aussi, cependant, possède une voix de soprano, pure, suave, éclatante : elle vocalise avec art et s'accompagne avec une science parfaite.

La conduite de Lostanges ne s'explique donc pas autrement que par ce dévergondage de mœurs, et cette démoralisation honteuse qui portent certains hommes vers les Phrynés de coulisses. Il y avait de quoi mourir de désespoir et de honte.

Gaston, l'opéra terminé, courut, avec tous ses amis, féliciter mademoiselle X*** dans sa loge.

Il rentra chez lui, la tête perdue, en proie à la passion la plus violente et décidé à la satisfaire, dût-il pour cela marcher à pieds joints sur toutes les considérations et les bienséances.

Gaston passa la nuit à caresser ce rêve coupable, et le lendemain, sans même avoir une pensée pour sa triste compagne, que la scène de la veille avait anéantie, il envoya porter à mademoiselle X*** la déclaration écrite la plus nette et la plus précise.

La diva jouait serré.

Comprenant qu'un peu de résistance nouerait davantage encore les mailles du réseau dans lequel était venu tomber Gaston, elle répondit qu'il lui était impossible d'accepter ses offres. Le temps lui manquait, disait-elle, et sa chaise de poste devait rouler avant une heure sur la route de Strasbourg.

Il en fallait beaucoup moins pour monter la tête de Lostanges au diapason de la folie.

Sans plus de retard, il se mit à rédiger une seconde lettre, courut chez un juif des faubourgs et lui paya d'un prix énorme un écrin, que, deux jours auparavant, il avait refusé d'acheter à madame de Lostanges. Réunissant ensuite au cercle tous les dilettanti d'Épinal, il les engagea vivement à le suivre à l'hôtel d'Allemagne, où il obtint le succès oratoire que nous savons.

Avant de sortir avec son beau-frère, il eut soin de déposer le second billet et l'écrin sur un coin de la cheminée de l'actrice.

Les choses en étaient donc à ce point, lorsque la voix d'Édouard éveilla les remords chez Lostanges. Le touchant et simple récit du jeune homme, son affection pour sa sœur, la prière qu'il fit à Gaston de ne pas rendre Hannah malheureuse, tout se réunissait pour émouvoir profondément le coupable époux.

Peut-être jusqu'à ce jour madame de Lostanges avait-elle eu tort de mêler autant d'orgueil à sa tristesse et de ne pas essayer de faire vibrer chez Gaston la corde de sensibilité.

Beaucoup de maris, qui marchent intrépidement dans le sentier du désordre, parce qu'ils supposent leurs femmes indifférentes ou aveugles, s'arrêteraient devant le reproche ou la plainte. Hannah ayant caché ses pleurs et dissimulé ses angoisses, Lostanges s'était endurci de toutes les récriminations qu'on lui avait épargnées, de tout le silence qu'on avait gardé sur ses torts.

Maintenant, la jeune épouse n'en est plus aux larmes et aux soupirs. Elle a usé dans le secret de sa douleur les cordes précieuses qui pourraient aujourd'hui résonner pour la réconciliation.

Lostanges vient de paraître devant elle, l'œil ému, l'âme repentante.

Elle ne s'aperçoit pas de son trouble, elle ne devine pas le remords qui le tient au cœur. Après avoir interrogé les domestiques, elle a fait espionner depuis le matin toutes les démarches du coupable. S'abaissera-t-elle à la prière? Tombera-t-elle suppliante aux genoux de cet homme? Non! Ce serait sacrifier lâchement ses droits de femme légitime, ce serait avilir sa dignité de mère.

Voyant entrer Gaston, elle sonna de toutes ses forces.

Une femme de chambre parut.

— Qu'on emmène les enfants! dit Hannah d'une voix brève.

Puis, restée seule avec son mari :

— Monsieur, murmura-t-elle, le regard fixe et les lèvres frémissantes, vous venez sans doute me faire connaître votre dernier mot et la décision que vous avez prise sur mon sort ?

— Permettez, dit Lostanges, très-pâle...

— Oh! je sais tout, monsieur !... mais ne craignez pas que je vous dissuade de vos projets. Il y a des passions dont il est impossible d'être jalouse. La vôtre est du nombre. Chez moi la fierté impose le silence à la plainte, comme le mépris et le dégoût me sauvent de la colère.

— Assez! pas un mot de plus! cria Gaston, qui frappa du pied avec violence.

— Eh! mon Dieu, j'ai déjà eu l'honneur de vous demander si je devais vous laisser le champ libre.

— Ah! vous le prenez ainsi, madame?... Soit, le sort en est jeté! répondit Lostanges furieux.

Et cet homme, ému l'instant auparavant d'un repentir véritable, cet homme prêt à s'humilier et prêt à demander grâce, monta sur les hauteurs de son orgueil pour repousser le blâme, qu'il eût accepté sous toute autre forme et avec des ménagements dont par malheur sa victime n'était plus susceptible.

Rendu fatalement à ses mauvais instincts, M. de Lostanges accepta la situation dans tout ce qu'elle avait de plus étrange et de plus odieux.

Il osa tenter la justification de sa conduite, et l'appuyer de sophismes insolents.

— Par la corbleu! s'écria-t-il, vous me la donnez belle, avec vos mines tragiques et vos allures de reine outragée! Que diable, ma chère, on ne condamnera jamais un mari à roucouler éternellement sur la même note, ce serait par trop monotone! Une femme qui sait son monde, une femme d'esprit, ferme les yeux et n'exagère pas les conséquences d'un caprice.

Madame de Lostanges fut écrasée par cet ignoble cynisme, et son courage l'abandonna au premier choc.

— Pitié! pitié! vous me brisez le cœur! balbutia-t-elle, en joignant les mains avec angoisse.

— A merveille! vous avez assez de l'insulte, et il vous plaît de changer de rôle. Malheureusement toutes ces péripéties de ménage tombent à faux et ne m'impressionnent pas le moins du monde. Continuez d'embellir ces lieux de votre présence, madame... C'est à moi de vous laisser le champ libre.

— Gaston! je vous en conjure... désavouez ce cruel discours! Quel crime ai-je commis? quel tort avez-vous à me reprocher?... Mon cœur n'a-t-il pas toujours été pour vous plein de dévoûment et de tendresse?... Pardonnez-moi l'aigreur de mes premières paroles. Gaston! ne repoussez pas votre femme, la mère de vos enfants.

Elle venait de tomber à genoux et de saisir la main de Lostanges.

Cette main fut bientôt toute baignée de larmes,

et le coupable époux détourna la tête pour cacher son émotion.

— Oh! répondez-moi!... mon ami, répondez-moi!... Il est impossible que je sois punie pour vous avoir trop aimé!

La pauvre femme éclatait en sanglots.

M. de Lostanges était sur le point de se rendre, le remords criait en lui, sa paupière devenait humide. Il allait relever Hannah, sécher ses pleurs et lui demander pardon, quand tout à coup parut un domestique, apportant une lettre sur un plateau de vermeil.

C'était la réponse de mademoiselle X***. Elle priait Gaston de venir partager son dîner.

Le malheureux étouffa le dernier cri de sa conscience. Hannah, folle de douleur, se traînait toujours à ses genoux. Il la repoussa durement et sortit.

Quelques heures plus tard, à la fin de la seconde représentation de *Robert-le-Diable*, M. de

Lostanges courait à toutes brides avec la cantatrice sur le chemin de Strasbourg.

III

Le scandale fut effrayant.

Il n'y eut dans toute la ville qu'un cri de réprobation contre l'homme qui venait de se conduire avec cette indécence et cette lâcheté. Chacun voulut consoler la victime d'un aussi cruel abandon; mais Hannah ferma sa porte et s'épargna des visites que la curiosité lui amenait beaucoup plus peut-être que la sympathie.

Du reste, elle n'avait pas le moindre sentiment de haine pour le coupable. Elle lui pardonnait au pied de la Croix. C'était là qu'elle cherchait des consolations et des espérances.

Une fois le premier accès de douleur passé,

madame de Lostanges fit un retour sur elle-même et s'accusa d'avoir provoqué, par des paroles méprisantes, la fuite de son époux. En lui racontant la scène du Mail, le jeune collégien acheva de la convaincre que Lostanges était susceptible de repentir, et qu'elle avait maladroitement heurté par le reproche et le blâme un cœur prêt à se soumettre et à revenir à elle.

Les femmes seules ont de ces inappréciables trésors de miséricorde et d'indulgence.

Bientôt le bruit circula dans Épinal que madame de Lostanges avait séché ses pleurs. Elle acceptait, disait-on, son veuvage forcé avec une philosophie plus qu'exemplaire. On espérait la voir reparaître dans le monde, ou du moins on comptait que les visites ne seraient plus repoussées par elle avec autant de rigueur.

On se trompait. La jeune femme continua de défendre à tous l'approche de sa solitude, excepté à un vénérable et digne prêtre, qui dirigeait sa conscience, et donnait son entière approbation à un plan héroïque formé par Hannah pour ramener enfin le coupable.

Elle habitait pendant les chaleurs un fort joli pavillon bâti à l'extrémité de son parc. Là, perdue comme une fauvette sous l'ombrage, elle étonnait tous les échos d'alentour par des roulades continues et une mélodie incessante. Son piano envoyait au travers de la feuillée mille triolets joyeux et jetait sur les ailes de la brise d'éternelles cadences.

Tant enfin que la première opinion des habitants d'Épinal se modifia singulièrement.

— Pauvre femme! disaient-ils, nous aurions dû le deviner plus vite, elle est folle!

Le vieux prêtre souriait et laissait dire.

Cependant, trois mois se sont écoulés depuis le scandaleux départ de Gaston. Qu'est devenu le volage époux? Faut-il dire ses pérégrinations insensées au travers de l'Europe, à la suite de cette éblouissante diva, pour les charmes de laquelle il a tout sacrifié, sa femme, ses enfants, l'amitié de sa famille et l'estime publique ?

Hélas ! les illusions de M. de Lostanges ne devaient pas être de longue durée.

Mademoiselle X*** donna quelques représentations à Strasbourg et se livra, par habitude, à ces œillades provocatrices qui ne manquaient jamais de lui attirer des couronnes ou des cœurs.

Cinq ou six gros papillons alsaciens se laissèrent prendre au jeu de ses prunelles. Ils se seraient approchés infiniment trop près de l'astre si Gaston n'y avait apporté la plus stricte surveillance.

Assez désagréablement ému de la légèreté de son idole, il se crut en droit de lui adresser quelques observations à cet égard.

On lui partit au nez d'un retentissement de rire, et l'on s'écria :

— Sur l'honneur vous êtes fou, mon cher ! Est-ce que votre ancien métier de mari vous a gâté le sens ? Pensez-vous que j'accepte jamais une chaîne ?... par exemple... Tra la, la, la, la, tra la, la, la, la !

Tyrans, descendez au cercueil !!

» Hein ?... Ne trouvez-vous pas que je réussis dans les notes basses ? J'ai envie de chanter les rôles de Levasseur ! — Allons, prenez un air plus gracieux !... De la jalousie... Fi donc !... vous n'êtes pas à la hauteur des idées artistiques, mon cher ! »

Lostanges jugea convenable de terminer là cette querelle.

Deux jours après, les œillades recommençaient plus vives à Francfort. Heureusement on ne fit pas un long séjour dans cette ville. Mais, avant la fin de la semaine, et dans les coulisses du théâtre de Berlin, les hommages d'un petit conseiller blond furent accueillis par des menées si encourageantes que Gaston furieux provoqua son rival et reçut un coup d'épée en pleine poitrine.

La cantatrice ne pouvait décemment attendre que cette blessure fût guérie.

Elle se dirigea vers Moscou, emmenant par distraction, dans sa chaise de poste, le petit conseiller blond, qui occupait la place de Lostanges.

Gaston faillit périr, moins de sa blessure que de l'accès de rage dont il fut saisi à la nouvelle de cette fuite audacieuse.

Il passa quinze jours dans son lit, à formuler les plus terribles serments de vengeance. Enfin la locomotion lui fut permise. Il acheta une berline, et courut à son tour, ventre à terre, sur le chemin de Moscou.

Mais déjà mademoiselle X*** avait quitté la ville sainte et son petit conseiller blond, pour suivre en Autriche un opulent boyard qui jetait les roubles par milliers au-devant de chaque caprice, et se faisait aimer au poids de l'or. Gaston jura de tuer ce Crésus hyperboréen; mais il apprit que la dame l'avait abandonné au bord du Danube, et s'était ensuite portée sur Venise en compagnie d'un Anglais beaucoup plus aimable que le boyard au point de vue métallique. Il prononçait *guinées* partout ou l'autre disait *roubles*, et agissait en conséquence.

Peu importait à Gaston de se venger sur un sujet du czar ou sur un fils de la Grande-Bretagne.

Il arrivait à Venise à onze heures du soir.

Sa perfide maîtresse jouait dans la magnifique salle de la *Fenice*. Il y courut tout poudreux ; mais la représentation était finie, le théâtre fermait ses portes. Lostanges manqua de quelques secondes l'Anglais et la cantatrice. On lui indiqua le chemin qu'ils devaient suivre pour regagner leur hôtel. Il put les rejoindre sur le pont Rialto, et commença l'explication par briser les glaces du carrosse.

— Goddem ! s'écria l'Anglais, qui descendit et retroussa gravement ses manches.

C'était le boxeur le plus intrépide de Londres

et des trois royaumes. Il se mit au plus vite à exercer sa science sur les épaules de son adversaire. En vain Gaston se récria contre l'absurdité de ce duel britannique. Milord n'entendait pas un mot de français.

Quant à mademoiselle X***, elle trouvait la scène originale et riait de tout cœur.

Le malencontreux jaloux fut littéralement assommé par une grêle de coups de poings, distribués avec la conscience la plus scrupuleuse et l'art le plus parfait.

Milord s'approcha de son adversaire, étendu sans mouvement sur le pavé de marbre du pont Rialto, et dit froidement à deux grands laquais juchés derrière sa voiture :

— Goddem! je le croyais mort, très-mort... Jetez à l'eau tout de suite!

Les domestiques se mirent en devoir d'obéir à cet ordre. Il soulevèrent Gaston et le précipitèrent par-dessus le parapet dans les flots de l'Adriatique, sans égard aux cris de mademoiselle X***, qui commençait à trouver la plaisanterie un peu forcée.

Heureusement la fraîcheur de l'eau rendit au pauvre vaincu l'usage de ses sens.

D'une gondole voisine on le vit se débattre, et l'on accourut à son aide, juste assez à temps pour empêcher son histoire de finir au fond des lagunes.

Or, ceci se passait dans les premiers jours d'août, et Lostanges fut aussi lent à se guérir des coups de poing de l'Anglais que de la blessure dont l'avait gratifié le petit conseiller blond. Décidément, il jouait une partie folle et malheureuse. Il comprit que, s'il voulait égorger tour à tour les adorateurs de la diva, ce serait, à part la liste des mécomptes, une besogne par trop fatigante et qui le mettrait en guerre éternelle avec toutes les nations et tous les peuples.

Ces réflexions fort sages le décidèrent à regagner la France.

Mais il était loin d'y être ramené par la honte de ses désordres, et l'idée ne lui vint pas de demander le pardon de sa femme. Il essaya de se consoler à Paris avec d'autres héroïnes de coulisses et continua de jeter dans le gouffre de la débauche sa fortune et l'héritage de ses enfants.

En moins de trois mois Lostanges avait dépensé cinquante mille écus.

Il était, un beau soir, en train d'écrire à son banquier d'Épinal pour lui demander un nouvel envoi de fonds, lorsqu'il se sentit frapper sur l'épaule, et reconnut un personnage qui venait d'entrer sans se faire annoncer. Lostanges devint très-pâle. Il se leva précipitamment de son fauteuil.

— Édouard ! s'écria-t-il.

— Moi-même, répondit avec un sourire le jeune provincial. Ah ! çà, mon cher, est-ce qu'il y a dans ma physionomie quelque chose de la tête de Méduse ?... Ta main, morbleu !... Sois tranquille, je ne viens pas en censeur. Foin de la morale, et vive la joie!... Sais-tu que je me suis donné un mal inouï pour avoir ton adresse?

Gaston n'était pas encore revenu de sa surprise. Il avait la mine honteuse et déconfite d'un renard pris au piége, et ce fut avec une hésitation visible qu'il pressa la main de son beau-frère.

— Peste! quel accueil!... On dirait, Dieu me pardonne, que tu es fâché de ma visite. Est-ce que je te dérange?...Attendrais-tu quelqu'un?... S'il en est ainsi, mon cher, il faut me renvoyer...

— Non, non, reste! dit Lostanges, rassuré par l'air de franchise du jeune homme, et très-intrigué de lui voir de pareilles allures.

— A la bonne heure, ton visage s'éclaircit. Je me figurais... Dame! après tout, c'eût été fort simple. Tu pouvais me garder rancune.

— Rancune... et de quoi, je te prie?

—Parbleu! du sermon stupide que je t'ai jadis débité sous le Mail. Étais-je bête!... Ah!

ah! ah!... Mais je me suis déniaisé lestement. J'avais des dispositions admirables... Tiens, regarde plutôt!

Édouard pirouetta plusieurs fois sur lui-même, étalant aux yeux de Gaston une toilette sans reproche, et se donnant des mines de dandy tout à fait de bon aloi.

— Ah! mais on n'est plus ce petit grimaud de collégien, à la tournure grotesque, aux idées patriarcales! Nous avons du monde et de l'expérience.

— Est-ce que tu arrives des Vosges? demanda Gaston d'une voix qu'il s'efforçait de rendre calme.

— Des Vosges? tu plaisantes! J'ai eu soin de me faire émanciper par mon tuteur, et j'ai pris ma volée presque en même temps que toi. Là-bas, on se figure que je suis les cours de la Faculté de médecine... Ah! ah! Dieu m'en préserve! Ne serait-ce pas de la duperie, et ne vaut-il pas mieux manger gaîment et largement quinze belles mille livres de rentes, sauf à prélever plus tard sur le capital ? J'ai deux chevaux, une petite maison divine rue Saint-Lazare, et ma loge à l'Opéra. Mais au fait, j'y songe... il y a, ce soir, un début dans *la Juive*... une femme ravissante, un talent hors ligne !

— Ah ! fit Lostanges, entièrement remis de sa première inquiétude, et ne craignant plus de trouver chez Édouard le Caton maussade et grondeur d'autrefois... tu la connais ?

— Beaucoup ; c'est une de mes amies intimes. Je la protége.

— Oh ! oh ! ceci devient très-grave, monsieur le protecteur.

— Je te devine... Eh bien ! non, là... parole sacrée... tu t'abuses complètement. C'est une amie, une bonne et sincère amie... rien de plus... je t'assure ! Qui t'empêche de me suivre au théâtre ? Le spectacle fini, nous pourrons souper avec la débutante, et tu verras en quels termes elle est avec moi.

— Va pour le souper! dit Gaston, qui jeta sa robe de chambre et passa vivement un gilet et un habit.

Ils sortirent ensemble.

Le cabriolet d'Édouard brûla le pavé jusqu'au péristyle de l'Opéra.

Une foule immense encombrait la salle. On pouvait admirer, sur le triple rang des loges, une infinité de toilettes merveilleuses; les pierreries étincelaient partout comme des myriades d'étoiles.

— Allons au balcon, dit Édouard, car je ne m'attendais pas à te rencontrer aujourd'hui, et j'ai disposé de ma loge.

On avait déjà joué trois actes.

La toile était baissée. Tous les spectateurs s'entretenaient du talent de la débutante, et les nouveaux venus entendirent dans leur voisinage le concert d'éloges le plus unanime et le plus pompeux.

— Chut! Le rideau se lève. Tu vas juger du mérite de ma protégée.

Le quatrième acte de *la Juive* commence par un duo plein d'émotion et de larmes entre Rachel et la nièce de l'empereur. La débutante jouait le rôle de Rachel.

— Eh! mais, quelle mouche te pique? dit Édouard, en voyant Gaston tressaillir et s'agiter dans sa stalle.

M. de Lostanges ne répondit pas. Il se leva, l'œil égaré, le front pâle, se pencha vivement du côté de la scène, et se montra sourd aux réclamations de ses voisins, qui se plaignaient avec raison de ne plus voir le spectacle.

— En vérité, tu es absurde, lui dit son beau-frère, demeure en place, ou sors!

Gaston se rassit et pressa convulsivement la main d'Édouard.

— Cette femme, murmura-t-il, regarde cette femme!

Il désignait la débutante.

— Eh! morbleu, sois donc plus sobre de gestes!... Je la vois bien, cette femme... Est-ce que je suis aveugle?

— Mon Dieu! mon Dieu! c'est une hallucination, c'est un rêve!

— Hein?... Qu'est-ce que tu dis?

— Ne trouves-tu pas qu'elle ressemble... à ta sœur?

— Heu!... c'est selon. Oui, en effet, il y a de faux airs. Mais, je t'en prie, ne t'agite pas de la sorte. Toutes les lorgnettes sont braquées sur nous, et tu vas nous faire prendre pour des gardes nationaux de la rue aux Ours.

Gaston essaya de recouvrer du calme.

En ce moment, la voix de la juive éclatait, solennelle et vibrante. Elle chantait ces deux vers :

Pas coupable!... sais-tu qu'il avilit mes jours?
Sais-tu que je l'aimais... que je l'aime toujours?

M. de Lostanges n'y tint plus. Il se leva pour

la seconde fois, et un cri s'échappa de sa poitrine. Heureusement cette clameur se perdit au milieu d'un tonnerre de bravos.

— Édouard! Édouard... j'en suis sûr, c'est elle!

— Tu es fou... cela n'a pas l'ombre du bon sens. Mais j'admets que ce soit ta femme... est-ce une raison pour troubler le spectacle et nous faire mettre à la porte?

Gaston laissa tomber sa tête entre ses mains brûlantes. Il crut que son cerveau allait se briser.

Peut-il s'en rapporter au témoignage de ses sens ? Est-il vraisemblable que madame de Lostanges soit là, sous ses yeux, qu'elle excite cet enthousiasme et reçoive les applaudissements de la société la mieux choisie et la plus brillante?... Non, c'est impossible!... Il est sous l'empire d'une illusion ; la fièvre lui brûle le sang, elle évoque devant lui des fantômes trompeurs. Hannah, sur les planches, en face d'un public parisien, débutant avec triomphe, avec gloire?... Allons donc, c'est de la folie, c'est du vertige ! Douce et craintive, jamais elle n'aurait eu le courage d'affronter cette rampe, ce lustre, ces regards. Et puis, d'où lui seraient venus cette voix sublime et puissante, tous ces trésors de science musicale, toutes ces ressources d'harmonie?... Non, non, ce ne peut être Hannah ! Aurait-il jamais abandonné sa femme, si elle avait possédé ce miraculeux talent, cette beauté, ces grâces infinies, qui font éclater la salle en bravos et attirent tous les cœurs vers la débutante.

Gaston resta jusqu'à fin du spectacle, la tête entre ses mains, au milieu d'un orage de pensées tumultueuses, qui lui faisaient craindre pour sa raison.

— Veux-tu coucher ici ? lui dit Édouard, en lui montrant la salle presque vide.

M. de Lostanges releva le front et regarda le jeune homme d'un air éperdu.

— Je t'ai dit que nous souperions avec notre délicieuse Rachel... Il s'agit de tenir ma parole.

Gaston manqua de tomber à la renverse. Son beau-frère le soutint et l'entraîna.

D'abord, il le fit promener le long du boulevard Tortoni, afin de laisser à la fraîcheur du soir le temps de le calmer. Puis il l'introduisit dans une somptueuse habitation de la rue Laffitte. Il sonna doucement à l'entresol. On vint ouvrir, et l'on avertit ces messieurs que madame les attendait dans son boudoir.

Gaston crut qu'il ne franchirait pas le seuil sans mourir.

La débutante vint au-devant de lui, blanche et gracieuse sous un simple peignoir de batiste. Elle souriait et tenait par la main ses deux enfants.

— Oh ! pardon ! pardon ! s'écria Lostanges.

Il tombait à deux genoux, suffoqué par les pleurs.

— Oui, mon ami... je vous pardonne!... mais souvenez-vous qu'une pauvre femme légitime peut avoir les brillantes qualités des syrènes qui vous séduisent, tout en conservant des vertus qui ne sont jamais leur partage! . . . . .

. . . .

. . . .

Beaucoup de nos lecteurs assistaient peut-être, le 15 septembre 186*, à la représentation de *la Juive*.

S'ils nous demandent pourquoi l'Opéra n'a pas conservé cette gracieuse débutante, qui avait gagné tous les suffrages, nous répondrons qu'il n'en faut point accuser l'administration du théâtre. On a fait à Hannah les offres les plus séduisantes. Mais, regagner le cœur de son mari, était l'unique ambition de la jeune femme.

La gloire profane ne la tentait pas.

Chrétienne et chaste épouse, elle n'avait

abordé le théâtre, un seul jour, que pour reconquérir sur le vice les saintes joies de la famille et le bonheur perdu.

FIN

TABLE

	Pages
I. — Les Marins	1
II. — L'Épicier	13
III. — Promenade sur mer	23
IV. — Confiance du mari	39
V. — Le Bois de Boulogne	61
VI. — L'Opéra	81
VII. — Un effort de vertu	93
VIII. — Rouerie	117
IX. — Le Départ	137
X. — Une Lettre	147
XI. — Faux Pas	153
XII. — Changement d'avis	173
XIII. — Dernier adieu	191
XIV. — Compromise	203
XV. — Justifiée	223
UNE ACTRICE D'UN JOUR	227

2360. — Vincennes. Typ. P. Juin, 2 et 6, rue de la Charité.

www.ingramcontent.com/pod-product-compliance
Lightning Source LLC
Chambersburg PA
CBHW070824170426
43200CB00007B/888